다/시/한/번 독하게 **왜**
윤석열인가!

왜

다/시/한/번 독하게

윤석열인가!

이봉규TV 지음

DK

차례

1장　윤석열은 천운 탔다

2장　왜? 반드시! 윤석열

6장   리스크의 실체

7장   윤석열의 생존법

8장   윤석열의 숨겨진 인물들

9장   윤석열의 과제

1장_윤석열은 천운 탔다

어쩌다 보니
시대적 요청에 딱 부응

윤석열이 됐다. 홍준표는 경선 결과 발표가 나오기 전에 어떤 결과든 수용한다고 했다. "어떤 결론이 나오더라도 그 결과를 수용합니다. 제가 후보가 되면 다시 신발 끈을 조여 매고 정권 교체의 대장정에 나설 것이고, 반대의 결과가 나오면 하늘의 뜻으로 생각하고 경선 흥행의 성공 역할에 만족합니다. 당을 위한 제 역할은 거기까지입니다. 대통령은 하늘 문이 열려야 된다는 생각에는 변함이 없습니다."

사실 집계는 홍준표가 이 글을 SNS에 올리기 전에 끝났다. 나도 발표 전 집계 결과를 이미 문자로 받았으니 말이다. 집계 결과가 세간에 돈 것이다. 홍준표가 몰랐을 리가 없다. 홍준표는 이미 알고 이런 글을 올렸을 것이다. 그는 열심히 싸웠지만 졌다. 특히 당심에서 압도적인 차이로 진 것에 대해서는 할 말이 없을 것이다. 때문에 홍준표도 어쩔 수 없이 받아들인 것이다.

이제부터 이재명을 잡는 데 홍준표의 역할이 중요하다. 지금의 양상은 정권 교체의 열망이 컸던 지난 대선과 반대로 나타나고 있다. 지난번은 촛불 난동으로 촉발된 좌파들의 정권 교체 열망이 높았다. 당시 광화문에서 태극기 세력들의 열띤 반격이 있었지만 우파는 방어를 하지 못한 채 게임이 끝났다. 촛불 난동 세력은 자신들이 의인인 것처럼 가짜 뉴스 퍼트렸고, 결국 우파는 위축되고 국민들은 속아 넘어갔다.

지금은 반대다. 가짜 뉴스가 아닌 진짜 뉴스인 대장동 게이트, 탈원전 게이트, 송철호 시장 사건 등으로 대표되는 4년 반 동안 문재인이 보여준 정치에 국민들이 크게 실망했다. 이제 기존의 정치인은 안 된다는 것이 국민들의 생각인 듯하다. 검찰총장 출신으로 좌우 안 가리고 막 들이친 윤석열이 대통령이 되어서 그동안의 일들을 전부 싹 법대로 처단하라는 것이 국민의 명령이고 하늘의 심판이다. 이에 홍준표도 결과를 깨끗이 수용한 것으로 보인다.

다만 경선 흥행의 성공 역할은 홍준표가 톡톡히 했다. 홍준표가 아니었으면 경선이 싱거웠을 것이다. 하나마나한 토론을 하고 윤석열이 완승하는 장면은 재미가 없으니 말이다. 여론조사에서 치고 올라오는 홍준표의 지지도, 파이팅 넘치는 토론 태도가 국민의 관심을 경선으로 끌어오기 충분했다. 원희룡도 '대장동 1타 강사' 역할을 했고 유승민도 걸맞는 역할을 했다. 경선에도 악역이 있어야 한다. 영화나 드라마가 성공하려면 비중 있는 악역이 등장해야 하는 것처럼 말이다.

이제 남은 것은 본선이다. 윤석열이 대선 후보가 되었으니 이제 검찰의 분위기, 법원의 분위기가 달라질 것이다. 아무리 독하고, 거짓말에 능하고, 임기응변에 능한 사람이라도 평생을 검사였으며 직전에 검찰총장이었던 사람이 대통령이 된다는데 떨지 않을 사람이 있을까? 수사의 진척에서부터 기법까지 사건을 훤히 꿰뚫고 있기 때문이다. 이런 흐름으로 가면 여러 풀리지 않는 사건의 당사자인 이재명이 마지막까지 완주가 어려울 것으로 보인다.

그럼 민주당에서도 생각을 달리할 것이다. 이제까지는 이재명이 조금 불안한 면이 있지만 그래도 원팀으로 가야 한다고, 모든 비리를 막아낼 인물로 이만한 사람이 없다고 생각하는 분위기가 선거 막판에 사뭇 달라질 것이다. 윤석열은 문재인도 들이박는 인물인데, 이재명을 가만두지 않을지도 모른다는 생각에까지 미치는 것이다. 검찰이 흔들리면 이재명을 나중에 구속시키는 것은 아닌지, 그래서 대선 막판에 후보 자리가 날아가는 건 아닌지, 수습할 시간도 없이 대선에서 패배하는 건 아닌지 하는 불안감에 술렁술렁 댈 것이다. 이제 여당은 초읽기에 몰렸다.

사주 AI가 본
윤석열 관상까지 완벽 드라마

영화 〈관상〉을 보면 수양대군으로 나오는 배우 이정재가 관상쟁이 송강호에게 "내가 왕이 될 상인가"라고 묻는 장면이 나온다. 세상은 통계에 근거해 돌아간다. 관상도 그중 하나다. 관상에 대해서 '미신이다, 말도 안 되는 소리다' 하며 폄하하는 사람도 있지만 오랫동안 축적된 통계는 무시하지 못한다. 같은 혈액형을 가진 사람들끼리도 공통점이 있는데 관상은 더 세분화되어 일관된 공통점을 보여 주고 있기 때문이다. 삼성 이건희 회장의 아버지 이병철은 일 잘 하는 사람인지 보기 위해 중요한 신입사원을 뽑을 때 관상가를 옆에 두기도 했다고 한다.

AI 관상가가 윤석열, 이재명, 이낙연 중 누가 왕이 될 상인지 분석한 결과를 보면 놀랍다. 윤석열은 '용맹스럽고 위엄이 있으며 먹고사는 데는 큰 지장이 없다'며 98%의 확률로 왕의 상이라고 분석했다. 나머지 2%는 양반의 상이라 하고 천민, 장사꾼, 백정의 상은 전혀 없다. 압도적인 왕의 상이다.

AI 관상가가 풀이한 윤석열 관상을 보면 '눈이 가늘어 지혜롭고 진실되며, 겁이 없고 사물을 판단하는 데 냉정함을 잃지 않는다'고 한다. 또한 '턱이 넓은 전자상(田字相)을 가져 금전적 풍족함에 명예를 함께 얻는다'고 했다. '눈썹의 모양과 전체적인 얼굴형으로 보아 정의감이 강하고 불의를 보면 참지 못한다'는 말도 덧붙였으며 '매사 적극적이고 분명하며 불의를 용납하지 않는 성격으로 모든 일에 앞장서기를 좋아한다'고 풀이했다. 이세돌과 AI의 바둑 대결에서 AI가 압승한 사실로 미뤄 보면 AI 관상가의 말이라고 무시할 것이 아니다.

이재명의 관상도 살펴보자. 이재명은 장사꾼의 상이 53%로 나왔다. '명예운과 재물운이 좋으나 동시에 둘 다를 추구하여 욕심이 과하다'고 풀이했다. 장사꾼상 다음으로는 왕의 상이 21%, 백정의 상이 11%, 천민의 상이 10% 나왔다. 윤석열과 판이하게 다른 결과다. 윤석열은 오로지 왕의 상만 98%인데, 이재명은 장사꾼상 비중이 가장 높다.

AI는 이재명의 관상을 두고 '두뇌가 총명하고 경쟁심이 강한 편'이라고 풀이하며 '자신의 주장이나 의지가 강해 매사를 자신이 직접 판단하고 이끌려고 하는 모습'을 보인다고 했다. 또한 '코가 길어서 포부가 크고 욕심이 많으며, 신념이 강하고 자신의 일에 최선을 다한다'고 했다. '매사 적극적이고 불의를 용서하지 않는다'고도 했다. 그러나 '감정의 기복이 심해 모든 일을 감정적으로 해결해야 한다. 주변 사람의 신뢰를 잃기 쉬우니 매사에 주의해야 한다'고 덧붙였다. 이재명이 자신의 형수하고 싸웠던 전화통화 내용을 들어 보면 감정적이라는 AI의 말에 고개가 끄덕여진다.

이낙연의 관상은 왕의 상과 74%가 일치하게 나왔다. '용맹스럽고 위엄이 있으며 먹고사는 데 큰 지장이 없다'고 했다. 양반상이 10%, 천민상이 6%, 백정상도 4%가 나왔다. AI 관상가가 분석한 이낙연은 '근본 성품이 부드럽고 진솔하며 표리부동하지 않아 자신의 자리를 잘 지키는 사람'이라고 한다. 그러나 '공처럼 둥근 모양의 눈은 대체로 겁이 많고 작은 일에도 곧잘 감상적으로 변하기도 한다'고 했다. 총체적으로는 '의지가 강한 편이라 자신이 하고자 하는 목표를 세우며 최선을 다한다'고 풀이했다. 더불어 '말년으로 갈수록 공을 세워 이름을 세상에 떨칠 수 있다'며 '소의 눈과 닮아 재물운과 장수운이 함께 들어와 있다. 말년까지 부귀영화를 누리 있는 상'이라고 분석했다.

수많은 데이터를 가지고 있는 AI가 윤석열을 98%의 확률로 왕의 상이라고 지목했음에도 의문을 품는 사람도 있을 것이다. 다음은 호국불교 승가회의 성호 스님과 윤석열의 관상에 대해 대담한 내용이다. 성호 스님은 윤석열이 조연의 상이지만 주연으로 가는 확실한 방법이 있다고 했다.

이봉규: 국민의힘에서는 윤석열이 대선 주자가 됐고 저쪽에서는 이재명이 됐고요. 기운 면으로는 어떻게 분석하십니까? 윤석열 현상이 잠깐이겠습니까? 아니면 이게 오래갈 거 같고 정권도 잡을 수 있다고 보십니까?

성호 스님: 정권까지는… 자기 인과응보가 있지 않습니까? 박근혜 대통령 수사한 거 말이죠. 그 당시는 좌천도 당한 데다 보복심리도 있었을 것이고 소위 운동권이라는 그런 생각도 있었을 것입니다.

이봉규: 윤석열의 관상은 어떻습니까?

성호 스님: 깡이 있게 생겼어요. 이마가 뒤로 확 젖혀졌어요. 귀도 좋고, 코와 입이 좀 작네요.

이봉규: 코가 작은 건 뭘 상징하나요?

성호 스님: 줏대가 조금 없죠. 콧구멍도 보이는 게 돈복은 없게 생겼어요.

이봉규: 용의 관상이나 범의 관상은 있습니까? 그러니까 대권의 관상?

성호 스님: 조연은 할 거예요. 본인이 휘두를 만큼 휘둘렀죠. 박근혜 대통령, 이명박 대통령 다 자기 마음대로 했잖아요.

이봉규: 박근혜 대통령 수사에 대해 지나쳤다고 우파 시민들이 섭섭해하는데, 스님께서 그런 감정을 깔고 윤석열 관상

을 보는 것 아닙니까?

성호 스님: 아니요. 그건 경제수석 안종범 수첩에서 일어난 일이지요. 그거 없었으면 박근혜 대통령 물러날 일도 없었어요. 지금 언론사들을 박근혜 대통령이 명예훼손으로 고소하면 다 망합니다. 특별법 만들어서 박근혜 탄핵 재조사해서 억울하게 뒤집어씌운 거, 공수처법 다 무효화시켜야 해요. 관련자들 몇 명 형무소 보내는 걸로는 안 됩니다.

이봉규: 가짜 뉴스로 허위사실 유포해서 대통령을 탄핵시키고 감옥에까지 넣은 그 죄는 조 단위 몇 천억 단위로 해서 언론사를 풍비박산으로 만들어야 합니다. 천문학적인 소송을 걸어야 해요. 박근혜 대통령도 고생했지만 나라 전체, 국민 전체가 얼마나 많은 희생을 당했습니까. 골병 들어, 이 정권에 시달리게 해, 이런 것까지 하면 배상으로도 안 되죠. 요즘 허경영의 인기가 높아요. 집권을 하면 정치를 한 번이라도 했던 사람들은 다 삼청교육대로 정신교육을 받으러 보내 버린대요. 이렇게 강하게 말하니까 그 소리에 사람들이 치유가 된다는 거예요. 그만큼 국민들이 응어리가 많은데, 이거 시원하게 풀어 줘야 합니다.

성호 스님: 제가 '빨갱이는 죽여도 돼'라고 쓴 방패 들고 다녔잖아요.

제가 각성시키려고 그런 거예요. 제가 정신병자입니까? 정신 차리자, 혼이 있으면 산다고 말하고 싶었던 거예요.

이봉규: 정말 지금은 우리 혼이 거의 체포당한 상태죠.

성호 스님: 근데 묘하게도 밟으면 세게 일어나요. 세계적인 역사학자 토인비도 그랬잖아요. 역사라는 건 도전과 응대라고요. 밟으면 일어난다. 윤석열도 밟으려니까 일어나잖아요.

이봉규: 시민들은 윤석열이 싹 쓸어서 대권도 잡고, 박근혜 대통령 수사 사과도 좀 하고, 그런 걸 바라는 건데요. 주연이 아닌 조연의 관상이라니 걱정이 되네요. 코가 작은 게 좀 그렇지만 하관은 좋으니까 하관으로 밀어붙이고, 이마가 좋아 카리스마가 있으니 우뚝 서서 이기고, 박근혜 대통령 무리한 수사한 것 사과하고. 이렇게 했으면 좋겠네요.

성호 스님: 윤석열이 박근혜 대통령 일을 참회하면 이 사람이 진짜 주연이 되어 버리는 거예요. 지금이라도 박근혜 대통령에게 가서 석고대죄하면 됩니다. 그러면 자유로워지는 거죠.

이봉규: 아, 조연에서 주연으로. 방법은 하나네요.

이봉규: 불교에서도 윤석열이 대선 후보된 것을 하늘의 뜻이라고 그럽니까?

성호 스님: 그렇죠. 불자들은 홍준표를 다 싫어해요. 하늘의 뜻이라고 홍준표가 자기 입으로 그랬잖아요. 윤석열은 하늘이 내린 사람이에요. 무슨 임금 왕(王)을 이렇게 손바닥에 썼다는 건데, 내가 볼 때는 임금 상이 아니고 제황의 제(濟), 황제의 상이에요.

이봉규: 누가요?

성호 스님: 윤석열 관상이요. 이마가 모택동하고 똑같아요. 이마가 탁 눕혀져서 파리가 와도 굴러떨어질 정도예요. 태조 어진을 보세요. 윤석열도 태조와 마찬가지로 이목구비를 보면 턱도 두꺼워요. 윤석열이 서울법대 시절 전두환 모의재판할 때 판사 역할을 했어요. 그때 전두환한테 무기징역 때린 사람이에요. 그런 사람이 어디 있어요? 전라도 출신도 아니고 군사 정권 시퍼럴 땐데 목숨을 건 거지요. 광주 사람들은 윤석열한테 몰표 줘야 돼요. 게다가 계속 윤석열 탈탈 털어도 아무것도 안 나오잖아요. 자식이 있어, 뭐가 있어요? 대통령 해도 신경 쓸 거 하나도 없어요. 마누라 재산이 있으니까 돈 탐낼 일도 없고요. 아무 걸림이 없어요. 정치 신인인데 4개월 만에 26년 정치한 홍준표를 박살 내버렸잖아요. 보통 사람 아니에요. 이마가 카리스마 넘치요. 흔치 않은 이마예요.

성명학으로 보는 대선 운세

우리나라 사람들은 보통 한문 이름을 가지고 있다. 예전부터 좀 산다 하는 '있는 집'에서는 이름을 지을 때 돈을 들이며 신중을 기하기도 했다. 이름이 그 사람의 운명에 영향을 미친다고 믿었기 때문이다. 부산대학교 한문학과 김성진 교수와 함께 대선 주자들의 이름을 성명학으로 풀이해 봤다.

김성진: 이성계가 파자점(破字占)을 하는 걸승을 찾아가 글자를 뽑으니까, 물을 문(問)자가 나왔어요. 그러니까 걸승이 바로 일어나 절을 하면서 '군왕이 되실 운명입니다' 해요. 물을 문(問)자를 가리키며 왼쪽으로 봐도 임금 군(君)이고 오른쪽으로 봐도 임금 군(君)이니 당연하다고 하죠. 이제 그 말이 마을에 퍼졌어요. 그래서 거지 하나가 가서 '제 운명도 한번 봐 주시죠' 하며 역시 물을 문(問)자를 뽑아요. 그런데 걸승은 이 사람을 발로 탁 차면서 '이 거지야, 가라!' 이랬단 말이에요. 이 거지가 물을 문(問)자를 똑같

이 뽑았는데, 누구는 임금이라고 절하고 나한테는 왜 그러느냐 물으니 '문 사이에서 입 벌리고 있는 게 거지밖에 더 있느냐!' 했다는 이야기가 있어요. 같은 글자라도 그때 그 순간에 보이는 것이 다른 거죠.

이봉규: 그 당시의 운세도 영향을 주겠고요. 이름은 그래도 중요한 것 아닙니까?

김성진: 제가 87년도에 한문교사를 했는데 그때 김대중 이름을 푼 적이 있어요. 김대중 이름을 보세요. 큰 대(大)자에 가운데 중(中). 원래 김대중의 중은 버금 중(仲)자입니다. 그런데 거기서 인(人)변을 떼고 가운데 중(中)자로 했습니다. 대(大)자를 보면 사람 인(人)자를 칼로 치는 모양이에요. 그래서 김대중 밑에는 2인자가 없다고 봐요. 사람을 기르지 않았다는 이야기죠. 근데 가운데 중(中)자는 더 기막힙니다. 이게(口) 원래 나라 국(國)이거든요. 나라를 반으로 딱 나눠 버렸어요. 즉 김대중은 지역감정의 피해자라지만 사실은 지역감정을 부추긴 사람이기도 해요.

이봉규: 동양에서만 그런 게 아니라요. 미국에서도 이름마다 통계를 내서 특성이 있습니다. 예를 들어 사무엘이라고 하면 그 이름을 가진 사람들의 성격 특성이 있어요. 그래서 그런 특성을 원하는 부모는 자녀의 이름을 사무엘로 지

어 주기도 해요. 오늘은 유력 인사의 이름을 한문으로 풀이해 보겠습니다. 우선 문재인부터 볼까요.

文在寅 문재인

西人戴王 서인대왕 서쪽의 사람들이 왕으로 추대했으나

臨中破空 임중파공 임기 중에 파공을 당하고

穴間一由 혈간일유 혈간에 하나의 이유가 있어서

終歿窟塚 종몰굴총 종국에는 굴에서 죽게 될 것이라

김성진: 문재인이 있을 재(在)자에 범 인(寅)자예요. 있을 재(在)자를 보면 서인대왕(西人戴王)이라고 합니다. 서쪽의 사람들, 우리로 치면 호남 사람들이 왕으로 추대를 했다는 말입니다. 그런데 임중파공(臨中破空)이라 합니다. 있을 재(在)자를 보면 오른쪽은 왕이잖아요.

이봉규: 그러네요. 사람 인(人)을 빼놓고는 왕이 되네요.

김성진: 왕인데 끝까지 가질 않아요. 원래 있을 재(在)자는 끝까지 붙어 있지 않다 이 말이에요. 이게 무슨 이야기인가 하면 임기 중에 파공(破空)이 된다는 뜻이에요. 임기를 제대로 채우지 못하거나 임기 후에 감옥을 가거나요. 떨어진 간격으로 치면 임기의 한 7~8개월 정도는 거의 허수

아비로 지낸다고 보는 거죠.

그다음에 범 인(寅)자를 보면 혈간일유(穴間一由)다. 즉, 범 인(寅)자에서 일(一)자와 유(由)자를 빼고 보면 구멍 혈(穴)이잖아요. 혈간(穴間)에 한 개(一)의 이유(由)가 있어서, 결국에는 종몰굴총(終歿窟塚)한다는 거예요. 종국(終)에는 죽는다(歿), 어디서? 이 굴(窟)에서. 이게 무덤 총(塚)자거든요. 무덤 같은 데 갇혀서 죽게 될 것이라는 겁니다. 결국에는 운명이 안 좋습니다.

근데 웃기는 게 있어요. 범 인(寅)자를 보면 가운데에 일유(一由)가 있잖아요? 이 일(一)자를 아래로 살짝 내리고 밑에 가로 왈(曰)자 넣으면 조국 성씨 조(曹)자가 됩니다. 문재인의 범 인(寅)에서 밑에 발 두 개가 없어진 모양 아닙니까? 즉 발이 잘린 조국 때문에 운명이 그렇게 될 거라고 보는 겁니다.

이봉규: 자, 문재인을 봤고요. 이제 추미애를 봅니다.

秋美愛 추미애
秋羊足截 추양족절 가을의 양이 다리가 끊어지고
伏犬塞耳 복견색이 엎드린 개가 귀를 막고 있도다
爪搖破冠 조요파관 손톱으로 긁어 갓머리를 깨트리니

心友散基 심우산기 마음의 벗마저 기반에서 흩어지누나

김성진: 추양족절(秋羊足截)이라, 즉 가을(秋)의 양(羊)이 다리(足)가 끊어졌다(截). 가을은 먹을 것이 가장 많은 때거든요. 이때 다리가 부러지면 얼마나 답답합니까. 지금 먹을거리를 찾아다녀야 하는데 법무부 장관 한다고 다리가 끊어졌죠. 미(美)자가 가을의 양이 다리가 끊어진 모양이에요. 복견색이(伏犬塞耳)라, 엎드린(伏) 개(犬)가 귀(耳)를 막고 있다(塞). 추미애의 미(美)자에서 아래쪽을 보면 클 대(大)가 있어요. 여기에 점이 있으면 개 견(犬)자가 됩니다. 그런데 없죠. 그래서 위는 다리 없는 양(羊)이고, 아래는 귀 잘린 개(大)입니다.

이봉규: 다리 없는 양과 귀 잘린 개 신세다.

김성진: 네, 그렇습니다. 또 그 개가 구조적으로 밑에 있잖아요. 그래서 엎드린 개가 귀를 막고 있다고 보는 것입니다. 애(愛)자의 위에 있는 건 손톱 조(爪)자입니다. 그리고 획이 하나 없는 갓머리(宀)가 있죠. 이 갓머리의 상투를 자르면 민간머리입니다. 즉 손톱으로 긁어서 갓머리를 깨뜨려 버린다.

이봉규: 자기 관을 깼네요. 손톱으로 긁어서.

김성진: 네, 자기 것도 되고 남 것도 되고요. 애(愛)자의 아래쪽을 보면 심(心)과 우(友)가 있죠. 그런데 심우(心友)하고 비슷한데 심우가 아니에요. 왜냐하면 여기 한 획이 빠졌잖아요. 그래서 마음의 벗마저 기반에서 흩어진다고 봅니다. 여태까지 잘 지냈던 사람들 다 뿔뿔이 흩어집니다. 이름에 쓰여 있습니다.

이봉규: 애(愛)자를 보면 벗 우(友)자에 있는 획이 하나 빠지는 바람에 벗마저 다 뿔뿔이 흩어진다는 말씀이군요. 이 한자 풀이가 재미있네요.

尹錫悅 윤석열
顚倒之平 전도지평 뒤집혀진 공평함이지만
曰勿終易 왈물종역 하지 말라 해도 결국 바꾸리라
衆論兩分 중론양분 대중의 의견이 양분되어 있지만
懸命遂役 현명수역 목숨 걸고 그 역할을 완수하리라

김성진: 그다음에 윤석열을 보면 주석 석(錫)자에 기쁠 열(悅)자거든요. 앞의 이것(金)만 빼면요. 뒤집혀진 공평. 즉 쇠금자(金)를 위아래로 엎어서 보면 平(공평할 평) 밑에 一(한일자).

이봉규: 그러니까 불공정을 공평으로 뒤집어 놓는군요.

김성진: 왈물종역(曰勿終易), 즉 하지(曰) 말라(勿) 해도 끝내(終) 바꾼다(易). 그러니까 뒤집혀진 공평이지만 하지 말라고 해도 끝내는 바꿀 것이다.

이봉규: 결국은 해내는군요.

김성진: 중론양분(衆論兩分)이나, 즉 열(悅)자를 보면 마음(忄)이 갈라집니다(八). 이건(八) 숫자 팔이 아니라 갈라진다는 뜻입니다. 대중의 의견이 양분돼서 갈라지지만 현명수역(懸命遂役) 하리라. 목숨 걸고 그 역할을 완수할 것이다. 이렇게 해석이 되네요. 이름으로 봐서는 여러 가지 어려움이 있더라도 결국은 완수해낼 것입니다. 뒤집혀진 그 공평함을 바로잡을 것입니다.

이봉규: 좋습니다. 그다음에 이재명을 한번 보겠습니다.

李在明이재명

김성진: 이재명은 이 자리에서 처음으로 보는 겁니다. 아까 문재인과 같은 재(在)자를 쓰지 않습니까? 만들어 주는 사람이 서쪽에 있는 사람들인 것은 분명합니다. 그런데 이 사람은 왕이 될 수가 없어요.

이봉규: 구멍이 났군요.

김성진: 네, 이게 왕이 되려고 하다 안 된 꼴입니다. 왕이 되려면 획이 끝까지 가야 됩니다. 여기는 왕(王)자가 아니에요. 위가 뚫렸으니까 왕이 될 뻔한 거지 안 되는 겁니다. 앞서 한 이성계 이야기처럼 똑같은 물을 문(問)자라고 해도 어떤 사람은 국왕의 운명이고 어떤 사람은 거지 운명입니다. 똑같습니다. 이제 명(明)자를 반으로 나눠 보시죠. 나누면 이 부분(月)은 동쪽이고 나머지 여기(日)는 서쪽에 있죠. 서쪽에 해는 언제 있습니까? 해가 질 때입니다.

이봉규: 대통령이 되려면 반대가 되어야 하는데.

김성진: 달이 동쪽에서 떠오르잖아요. 달이 차면 해는 기웁니다.

이봉규: 아, 그럼 문재인이라는 달이 차 있을 때 이재명은 기운다?

김성진: 그렇죠. 왕이 절대로 될 수가 없다는 뜻이죠. 아니 해가 서쪽에서 지지, 서쪽에서 뜹니까? 해는 원래 왕을 뜻하거든요.

이봉규: 달이 차 있을 때 이재명은 서쪽에서 지고 문재인도 같이 지네요.

문재인이 키웠다

윤석열에 대한 관심도가 높아질수록 국민들도, 언론사도, 평론가들도 '왜 가만히 있고 액션을 취하지 않느냐' 하면서 조급해하는 것 같다. 그만큼 문재인 정권을 끝내 줄 구세주를 기다린다는 뜻일까? 급할수록 돌아가라고 했다. 이럴 때일수록 침착하게 기다려 줘야 한다. 다만 윤석열이 넘어야 할 계단은 반드시 넘어야 한다. 항상 이야기하지만 보수우파를 끌어안으려면 박근혜 대통령을 탄핵으로 몰아넣은 무리한 수사에 대한 유감표명은 해야 한다.

사람들은 '윤석열, 지금 공부해서 되겠냐'며 '그럼 공부나 해라, 무슨 대권이냐'고 비판한다. 그러나 나라를 통치한다고 마음먹었을 때는 자신의 상식과 원칙은 당연히 있을 것이다. 전문가들의 의견을 듣고 책을 읽는 등 공부하는 것은 그와 별개로 꼭 필요한 자세이니 문제없다.

2021년 5월 11일 '윤석열, 文정부 실패 정책만 콕 집어 열공'이라는 제목의 문화일보 기사를 보면, 윤석열이 2015년 문재인에게 소득주도성장론의 문제점을 경고했던 권순우 한국자영업연구원장을 만나서 4시간 동안 토론을 했다고 한다. 당시 문재인은 권 원장의 경고를 들었음에도 그 말을 받아들이지 않고 정책을 강행 했고 결국 실패했다. 즉 윤석열은 권 원장을 만나서 그 경고를 외 면하지 않고 받아들이겠다는 의지를 표한 것이다. 윤석열은 문재 인의 실패에 대해서 열심히 공부하는 스탠스를 취하고 있다. 나는 그런 자세는 괜찮다고 평가한다.

전두환, 박정희 대통령 모두 윤석열처럼 정치인이 아니었다. 평 생 군인이었다. 국민들을 잘 먹고 잘 살게 만들고, 나라를 부강하 게 만들어야 되겠다는 원칙은 있었지만, 어떤 통화 정책을 쓰고 금리를 어떻게 하고 어떤 재정 정책을 써야 국민들이 잘 살게 될 것인가와 같은 테크니컬한 것들은 몰랐다. 그래서 공부를 한 것이 다. 전두환 대통령이 당시 경제수석이던 김재익에게 "김재익, 당 신이 경제는 대통령이야"라고 말한 일화는 유명하다. 또한 김재 익을 계속 집으로 불러 가정교사를 받기도 했다. 박정희 대통령도 적재적소에 전문가들을 배치하고 임무를 하달하고 보고를 계속 하게 했다.

윤석열도 마찬가지다. 사람들은 왜 결단을 내리지 못하느냐고 비판하는데 그건 틀린 말이다. 결단은 이미 했는데 섣부른 것을 내놓는 성정이 아니기 때문에, 결단에 맞게 몸집을 키우는 중인 것이다. 예를 들면 세계 타이틀 매치에 나서는 홍수환 선수가 경기에 걸맞는 개체량을 만드는 것과 같다.

여론이 재촉하면 흔들릴 사람이 아니어도 흔들리게 된다. 믿고 기다려 줘야 한다. 그 대신 윤석열은 방향만 잘 잡으면 된다. 국가의 큰 방향, 자유민주주의 체제로 가는 보수우파의 방향만 잡으면 된다. 또한 다시 말하지만 박근혜 대통령을 향한 무리한 수사로 피해를 본 사람들에게 일정 부분 책임을 느끼고 유감의 뜻을 표한다는 절차 정도는 밟아야 된다. 그 계단을 넘지 않으면 안 될 것이다.

공약 내놓는 것을 굼벵이 가듯 뜸 들이고 있는 게 오히려 좋은 작전일 수 있다. 정책을 섣불리 터뜨려 놓으면 난도질당하고, 거기에 대응해 일일이 싸우다 보면 큰 그림을 못 그린다. 큰 그림은 빨리 그리고 경제, 외교, 안보 정책 등 나머지는 천천히 해도 된다. 최근 윤석열은 정승국 중앙승가대 교수, 김성환 고려대 국제대학원 교수, 박도준 서울대 의대 교수도 만나 문재인이 제일 취약하고 실패했던 부분을 공부하고 있다. 또 당내 경선 경쟁자였던 최재형 전 감사원장과 만나 이야기도 나눴다.

나는 윤석열과 최재형의 2인 3각 경기를 기대한다. 혹자는 어느 한쪽 편을 들어야 되는 거 아니고 하는데 그렇지 않다. 두 사람이 됐든 세 사람이 됐든 열 사람이 됐든, 보수우파에서 나라를 살릴 사람은 다 데리고 와서 그들끼리의 아름다운 경쟁을 하면 된다. 그중에 누구 한 사람이 집권해서 문재인 폭정을 끝내고 적폐청산하면 된다. 그것이 윤석열에게도 큰 자산이고 최재영도 큰 자산이 될 것이다. 개인적인 욕심으로는 만약 윤석열과 최재형이 국민의힘 당에 입당하지 않고 제3지대에서 신당 창당을 하거나 안철수의 국민의당에는 어느 정도 조직도 있고 안철수의 자금도 있으니 세 사람이 합쳐 국민의힘 당을 부수고 절반 이상의 의원들을 뽑아와 보수와 중도 대통합을 제3지대에서 혁명적인 방법으로 대한민국의 정치판을 싹 갈아 엎었으면 하는 생각을 했었다. 그러나 윤석열과 최재형이 국민의힘에 입당함으로써 나의 허망한 꿈은 깨졌지만, 그래도 정권교체를 바라는 국민의 갈증을 해소 하려면, 지금 현재로선 윤석열밖에 없다고 판단이 섰기에 그를 정권교체의 주인공으로 평가하고 있다. 이제 남은 작업은 안철수와 단일화 문제의 해결이다. 이를 해결하기 위해서는 공동정권처럼 안철수를 파트너로 예우하고 인정해줘야 한다. 심지어 윤석열이 먼저 대통령하고 안철수가 총리해서 투톱으로 이끌어 가고, 그다음엔 반대로 해서 10년을 보냈으면 한다. 이를 위한 원대한 약속을 진심으로 하고 이행한다면 단일화 문제는 쉽게 풀릴 것으로 확신한다.

기다려야 한다. 윤석열은 국민들이 기다려 주는 만큼 깊숙하게 문재인의 과오를 파고 몸집을 키울 것이다.

거인 윤석열?
추미애가 만들었다.

추미애와 문재인의 싸움이 심상치 않다. 한마디로 잘못 고른 것이다. 윤석열 찍어내기에 원포인트릴리프(특정한 한 명의 타자만을 상대하기 위해 등판한 구원투수)로 추미애를 기용했는데, 전략실패로 감독이 '야, 너 나와' 하니까 '내가 왜 나가!' 이러고 버티고 있는 꼴이다. 야구 경기에서도 이런 적은 없다. 나오라니까 글러브 집어던지고 '네 비리 다 까발릴 거야' 하는 웃기는 상황인 것이다.

추미애는 원래 '주인을 무는 개'였다. 추미애가 실제로 개띠인데다 열린우리당 때 "친노 쪽이 더 정의롭고 민주적이고 깨끗하다면 나도 친노 쪽으로 갔을 것"이라며 노무현과 열린우리당을 물어뜯은 적이 있기 때문이다. 이 때가 노무현 탄핵 정국 때다. 게다가 "열린우리당에 나보다 한 사람이라도 더 깨끗하고 정의롭고 민주적이라고 자신할 수 있는 사람 있으면 여기 세워 봐라. 밤새 끝장 토론이라도 해서 맞서 싸울 자신 있다"는 말도 했다. 그때 추미애에게 '탄핵녀'라는 별명이 붙었다. 노무현을 탄핵시킨 1등 공신이 된 것이다. 노무현 탄핵소추안 가결 직후에는 "노무현 대통령의 탄핵 사유는 줄이고 줄여도 책으로 만들 정도다"라는 말도 했으니 말 다했다.

추미애의 이력은 간단치 않다. DJ에게 발탁돼서 판사를 10년 정도 했다. 윗사람을 들이받는 강골 기질에다 자신은 대구 출신, 남편은 전라북도 정읍 출신이기에 정치적 자산이 되겠다고 판단한 DJ가 추미애를 데리고 온 것이다. 그런데 DJ는 워낙 큰 인물에 나이 차이도 딸뻘로 나니까 추미애가 들이받지는 못했다. 그렇게 DJ 시절 큰 자리 전부 하고 노무현 때 와서도 큰 자리를 꿰찼다. 그 후 정동영 캠프에서도 여러 가지 일을 하다가 문재인에게 가서 붙었다. 그런데 이제 문재인도 노무현 잡듯이 잡을 판이다.

세간에 돌아다니는 추미애의 별명은 '추미애국 보수'라고 한다. 노무현 탄핵 찬성을 이끌었던 전력에 더해 댓글을 파헤쳐 김경수 경남도시자를 보내고 문재인도 곤란하게 만들었기 때문일 것이다. 뿐만 아니라 윤석열도 대권 주자로 만들어 줬다. 문재인을 정면으로 들이받는 추미애 때문에 이제 청와대도 코너에 몰릴 것이다. 조국 자를 때만 해도 레임덕까지 시간이 남았었다. 게다가 조국은 추미애의 기질에 미치지 못하기도 했다. 반면 추미애의 경우는 문재인의 임기가 얼마 남지 않아서 레임덕 징후가 나타나고 지지율 뒷받침이 안 되고 있는 상황이다.

또한 추미애가 저렇게 버티는 것을 보면 뭔가를 가지고 있는 것 같은 합리적 의심이 든다. 결국 문재인도 추미애한테 당하는 것이다. DNA는 어디 안 간다. 세 살 버릇 여든까지 간다고 그랬다. 추미애가 세 살 때 아버지가 하던 세탁소에 도둑이 들고 여러 가지 일이 겹치면서 가세가 기울어 친척 집에서 컸다고 한다. 그러면서 키워진 반항 기질이 존재할 것이다.

차도살인(借刀殺人)이라는 말이 있다. 남의 칼을 빌려 적장을 벤다는 뜻이다. 추미애가 문재인을 베게 생겼다. 추미애가 안에서 치고 밖에서 윤석열이 덮치면 사면초가 상태가 된다. 차도살인 후 윤석열의 역할이 남았으니 차도살인을 한번 지켜볼 일이다.

추미애와 윤석열의 시간차

추미애와 윤석열의 싸움이 마지막 라운드에 들어섰다. 윤석열의 반격이 세게 들어가고 있는 가운데 현 상황에 대해 법무법인 민주의 서정욱 변호사와 함께 이야기를 나눴다.

서정욱: 윤석열과 추미애가 대리전을 벌이고 있습니다. 추미애는 계속 한동훈 검사장을 좌천시키고 감찰하며 쥐 잡듯이 잡고 있습니다. 윤석열은 최강욱 열린민주당 대표를

공소시효 4시간 남기고 기소하며 반격하죠. 저는 결론적으로는 추미애의 시간은 끝나고 윤석열의 시간이 왔다고 봅니다. 추미애가 권력의 충견들을 부려먹으려면 던져 줄 게 있어야죠. 바로 인사권이요. 그동안 1년에 4번이나 인사권을 행사했어요. 그런데 지금은 인사권이 없죠. 또 서울시장이 꿈이기에 12월 전에 법무부 장관에서 물러난다고 합니다. 그렇게 되면 검사들도 추미애한테 기대할 게 없죠. 그러니까 추미애의 시간은 끝난 거예요.

이봉규: 검사들도 좀 돌아서네요.

서정욱: 검사들도 다 검찰주의예요. 윤석열도 검찰주의자고요. 추미애는 검찰을 없애고 경찰에게 다 주려 하잖아요. 윤석열의 시간은 임기가 내년(2021년) 7월 8월까지 보장돼 있습니다. 그 사이에 이 모든 수사를 기소할 수 있고요.

이봉규: 윤석열의 반격이 시작됐는데 시간은 윤석열 편이다, 이런 말씀입니다.

서정욱: 네, 그러면 한동훈부터 한번 볼까요? 일단 법사위(법제사법위원회)하고 과방위(과학기술정보방송통신위원회)에서 국감 증인으로 채택을 원했고 한동훈이 나가서 진술하겠다 했습니다. 그런데 여당이 못 나오게 막아요. 그리고 추미애는 한동훈을 돌리고 있습니다. 이런 노래 있죠? 서울,

대전, 대구, 부산 찍고, 한동훈은 1년 사이에 서울, 부산, 용인, 진천을 찍습니다. 1년 사이에 네 군데를 어떻게 찍습니까?

이봉규: 아니 이런 인사도 있나요?

서정욱: 없죠. 특정인을 겨냥해서 1년에 네 군데를 찍는 인사는요. 한동훈은 울산 시장 선거 때문에 부산고검 차장으로 좌천됐다가, 또 검언유착으로 용인에 있는 법률연수원 분원으로 갑니다. 그 후 다시 본원이 있는 진천으로 가고요. 그런데 한동훈이 출퇴근을 제대로 했는지 근무 실태 감찰까지 들어갑니다. 한마디로 추미애의 직권남용이죠.

이봉규: 악랄하네요. 그다음에는 최강욱을 봅시다.

서정욱: 최강욱이 방송에서 이렇게 말했어요. "조국 아들 인턴 증명서 위조한 적 없다, 윤석열이 부당하게 기소했다"고요. 그런데 최강욱이 허위로 해 준 게 뭐냐 하면요. 2017년 1월 달부터 10월 달까지 10개월 동안 조국 아들이 청맥 법무법인에 일주일에 두 번 와서 16시간 인턴을 했다고 합니다. 10개월 동안 일주일에 두 번 와서 30분만 일했다고 해도 16시간이 됩니까? 제가 계산해 보니까 일한 시간이 8분이 돼요. 몇 시간 왔다 갔다 하면서 8분 동안

일하고 갑니까? 아니 10개월 동안 일주일에 두 번을 왔는데 16시간밖에 안 돼요. 이게 말이 되는 거냐고요. 앞뒤가 안 맞잖아요.

이봉규: 인사하고 간 거네요. 그냥 매주 '저 왔습니다. 별일 없으시죠? 일 했다고 치고요. 갑니다' 하면 이게 8분이에요.

서정욱: 10개월 동안 매주 두 번 왔는데 청맥 법인에서 조국 아들 본 직원이 없어요. 이게 위조 아닙니까? 더 웃기는 건 조국이 이걸 스캔 떠서 시간을 위조합니다. 그러니까 두 개의 증명서가 생겼는데 기간이 겹치게 된 거죠. 2017년 1월부터 2018년 2월까지, 고등학생이 일주일에 8시간씩 해서 368시간을 1년 2개월 동안 인턴을 했다고 위조합니다. 매일 1시간씩 해도 토요일, 일요일 빼면 5일인데 8시간씩, 그래서 총 368시간을 했다는 거예요. 위조를 해도 정도껏 해야죠. 36시간도 아니고 368시간이면 하루에 1시간을 해도 1년이면 365일이잖아요. 그러니까 최강욱도 법정에 나와서 말을 못해요. 조국이 위조했다고 하려니까 조국하고 틀어지고, 자기가 해 줬다고 하려니까 두 개의 증명서가 기간이 겹쳐 버리니 말이 안 맞잖아요. 오늘 또 하나 나온 사건이 있어요. 추미애의 추문이 나옵니다. 추미애 형부는 건국대에서 교직원으로 30년 동안

근무했어요. 버스의 '버'자도 모릅니다. 버스를 타본 적은 있는지 모르겠어요. 그런데 국토교통부에서 단독으로 추천해서 버스공제조합 이사장이 됩니다. 이걸 서민민생대책위원회라는 시민단체가 추미애를 업무방해로 고발했어요. 이제 경찰에서 추미애를 조사하는 사안이 하나 더해진 것이죠.

이봉규: 지저분하기로는… 뭐하는 겁니까?

서정욱: 또 있습니다. 집 앞에 취재하러 온 기자의 사진을 찍어 SNS에 올렸는데, 이를 본 법세련(법을세우는모임)이라는 시민단체에서 추미애를 명예훼손으로 고발했어요. 국민 밉상으로 국민의 매를 벌고 있는 추미애입니다.

결론적으로 추미애와 윤석열 싸움은 윤석열이 이길 수밖에 없습니다. 바로 검찰의 압도적 지지, 국민의 압도적 지지 무엇보다 차고 넘치는 증거들 때문이죠. 윤석열은 전부 장모하고 처의 문제죠. 본인 것은 하나도 없어요. 그런데 추미애는 전부 자기 거예요. 추미애에게 걸린 고소만 해도 23~25건 정도 됩니다. 지금은 법무부 장관이라는 방탄갑옷을 입고 있지만, 이 옷은 한두 달 뒤에 벗겨집니다. 그럼 검사들이 계급장 떼고 조사하면서 '야, 추미애 빨리 들어와!' 이러면서 인사도 안 할 겁니다. 주인 무는 개처럼 말이죠.

이봉규: 검사들이 먼저 물렸으니까요. 장관에 있을 때야 인사권
이 있으니까 장관님, 장관님 하지만 인사권 떨어지면…

서정욱: 바로 '추 씨!' 이러죠. 옛날에도 박근혜 씨, 이명박 씨 이
렇지 않습니까? 그게 잘한 행태는 아니지만 그렇게 될 수
밖에 없어요. 저는 이 모든 매가 언젠가는 추미애에게 부
메랑이 되지 그냥 없어지지는 않는다고 보는 겁니다.

법무부와 검찰청은
코로나에서 예외?

2021년 7월 1일 확진자 수가 며칠째 700~800명대를 기록하고 있는 와중에 검찰 인사로 보직이 바뀌는 200여명의 검사들을 실내에 불러 놓고 법무부 장관과 검찰총장에게 전출입 신고식을 했다.

검사들은 인사가 나면 경기도 과천의 법무부 청사에서 법무부 장관에게 신고를 하고, 이후 서울 서초동 대검찰청으로 가서 다시 검찰총장에게 신고를 하는 것이 관례다. 하지만 코로나 시국에 다수 인원을 실내에 몰아넣고 굳이 형식적인 신고 행사를 강행해야 했을까? 법을 지켜야 하는 법무부가 말이다. 그러면서 광화문 집회는 실외 행사인데 못하게 하는 것은 어불성설이다.

박범계는 "과거보다 더 많은 인사 요소를 고려해 객관적이고 공정한 인사를 하고자 했다고 자부한다"고 말했다. 편을 갈라 승진, 좌천하는 인사를 하고 자부한다는 말을 하니 미칠 노릇이다. 게다가 법무부는 지방에서 수도권 검찰청으로 인사발령이 난 검사

190명을 또 불러 놓고 앞서와 똑같은 신고식을 할 예정이라고 한다. 코로나도 법무부와 검찰청은 예외인 것인가? 국민들은 식당도 커피숍도 못 가게 하고 헌법에 나와 있는 집회의 자유도 누리지 못하게 하면서, 관례라는 이름으로 꼭 그래야 하는 것인지 모르겠다.

박근혜 사면 없다던 박범계의 입장 변화

박범계는 박근혜, 이명박 대통령 특별사면이 불가능하다고 줄곧 입장을 밝혀 왔다. '대통령 뜻을 전달받은 바 없으며 시간상 불가능' 하다는 것이 그 이유였다. 여기서 시간은 다름 아닌 대권의 시간으로 풀이된다. 여당이 대권을 잡기 위해서는 사면하는 것보다 사면 안 하는 게 유리하다고 판단한 것이다. 철저하게 정치적으로 유불리를 따지면서 말로만 국민통합을 이야기하고 있는 꼴이다. 국민통합 이야기를 하려면 중도나 보수를 끌어안는 시늉이라도 해야 할 것 아닌가. 박범계는 모든 국민의 법무부 장관이지, 여당의 법무부 장관이 아니다. 문재인은 대한민국의 대통령이지, '대깨문'의 대통령이 아니다. 문재인은 국민통합의 대통령이 되겠다고, 소통하는 대통령이 되겠다고 했던 약속을 하나도 지키지 않았다.

이랬던 박범계가 최근 입장을 바꿨다. 그동안 이재용 사면에 대해서도 일관되게 검토 대상도 아니라고 딱 잘라 말했는데, 취임 100일을 맞아 출입기자단과 기자간담회를 가진 자리에서 국민의 법 감정과 공감대를 고려할 것이라고 했다. 그동안의 태도하고는 완전히 달라진 것이다. 가석방 심사 절차를 강조하면서도 여지는 남겨 놓았다. 다시 말해 국민이 원하면 풀어 준다는 뜻이다.

여당 지지자들 쪽에서도 그래도 삼성 이재용은 풀어 줘야 하는 것 아니냐는 기류가 있었다. 최근 삼성이 반도체 세계 1위 자리를 내 줬고, 대만이 반도체 사업에서 무섭게 치고 올라오고 있기 때문이다. 이에 여당도 이재용은 풀어 줘야겠다는 생각을 할 것이다. 그런데 이재용만 풀어 주고 박근혜 대통령을 풀어 주지 않을 수는 없기에 그동안 그들의 고민이 깊어졌던 것이다.

지금까지는 박범계가 법무부 장관이 되려고 문재인에 충성했다. 그러나 이제 윤석열도 검찰총장에서 물러나고 송철호 사건도 치고 들어왔고 조금 뒤 탈원전 정책도 나오니, 계산 빠른 박범계가 살 길을 찾는 것으로 보인다. 삼성 이재용만 사면하고 박근혜, 이명박 대통령은 정치적 꼼수로 묶어 둬서는 절대 안 될 일이다. (추후 이석기와 한명숙을 풀어주기 위해 박근혜 사면 카드를 썼다)

박범계도 이제 문재인에게 돌아섰다. 로마 황제 율리우스 카이사르가 친구 마르쿠스 유니우스 브루투스를 포함한 무리에게 암

살당했을 때 외친 '브루투스, 너마저?'라는 말이 떠오른다. 민주당에서도 슬슬 딴 소리가 나오기 시작했다. 정치방정식이 복잡하게 돌아가고 있다.

유시민,
그리고 윤석열의 역학관계

아주 오래전에 어느 시골 초등학교에서 난리가 났다. 화장실에 아이들 수십 명이 모여서 웅성거렸다. 그 소리에 선생님이 달려가 이야기를 들어 보니 '푸세식' 똥통에 아이가 빠져 죽었다는 것이다. 깜짝 놀란 선생님들이 릴레이로 똥물을 퍼내기 시작했다. 냄새가 진동해 온 학교를 뒤덮었고 선생님들의 몸은 똥물로 염색이 될 정도였다. 그런데 똥물을 다 퍼내도 아이의 시체는 온데간데없고 웬 큰 돌멩이 하나만 덩그러니 있었다. 선생님들은 화가 머리 끝까지 났다. 이 거짓 상황을 만들어낸 범인을 색출하기 시작했다. 모여서 수군거렸던 아이들을 모두 불러 모았다. 그리고 '너 그말, 누구한테 들었니?' 하며 한 사람씩 묻기 시작했다. 그렇게 추적해 올라가니 마지막으로 남은 아이가 1학년 아이였다. 선생님이 그 1학년 아이에게 물었다. '여기 아이가 빠져 죽었다는 거, 너 누구한테 들었니?' 그런데 돌아온 대답은 간단했다. '거짓말로 그랬어요.' 1학년 꼬맹이의 어이없는 거짓말에 선생님들은 똥물을 뒤집어쓰고 학교는 온통 똥 냄새로 물든 것이다. 그 이후로 세간에서 아이들이 공부를 잘 못하거나, 문제를 많이 일으키는 경우 그 학교를 '똥통 학교'라고 부르곤 했다.

윤석열 현상 어디서부터 나왔을까?

이와 같은 초등학교 1학년 수준의 거짓말을 한 유시민이 대한민국을 똥통으로 만들어 놓은 꼴이다. 2021년 1월 21일 유시민이 노무현재단 은행 계좌를 검찰이 들여다봤다는 과거 자신의 의혹 제기가 사실이 아니라며 1년 만에 사과한 것이다. 그의 거짓말에 전직 총리들이 나서서 거들었고 집권 여당의 원내대표까지 나서서 힘을 실어줬었다. 검찰은 국민들에게 나쁜 검찰로 낙인 찍혀 개혁의 대상이 되었고 국민들은 그들의 말만 믿고 공수처와 검경 수사 분리에 박수를 쳤다. 그리고 이 모든 일이 끝난 후 유시민은 '거짓말로 그랬어요'라고 사과한 것이다.

조국, 황희 문체부 장관, 정의기억연대 등 여당의 거짓말하는 인사는 열거가 불가능할 정도다. 문재인 정부에서 출세를 하려면 특기가 거짓말이어야 한다는 우스갯소리도 있다. 소크라테스를 죽인 것도, 예수님을 십자가에 죽게 한 것도 거짓말 프레임이라는 사실을 떠올리면 거짓말을 가볍게 볼 일이 아니다.

유시민의 거짓말만 문제가 되는 것이 아니다. 그를 옹호했던 민주당도 거짓말을 하고, 거짓말하는 사람을 갖다 쓴다. 출생을 거짓말하거나 학교를 거짓말하거나 표창장을 거짓말하거나 인턴을 거짓말하거나, 모든 게 거짓말이다. 거짓말로 한 단계 한 단계 올라가서 그 자리까지 갔으니 서로의 거짓말을 두둔할 수밖에 없다. 그렇지 않으면 그동안 해놓은 거짓말이 와르르 무너지기 때문이다. 자신을 지키기 위해서 거짓말 공화국을, '똥통 대한민국'을 만든 꼴이다.

선관위가 유시민 대권 꺾었다

중앙선거관리위원회에서 "유튜브 시청자들이 채팅을 통해 일정 금액 후원하는 슈퍼챗 등은 정치자금법 위반일 수 있다"고 유권 해석을 내놓았다. 다시 말해 홍준표의 유튜브 채널 'TV홍카콜라'라든가 유시민의 '알릴레오'에서 채팅을 통해 구독자들에게 후원받는 돈이 정치자금법 위반이 될 수 있다는 것이다. 선관위는 덧붙여 "특정 개인 또는 단체가 이런 방식으로 한도액을 넘는 후원금을 정치인에게 제공할 가능성이 있다"고 봐서 제재를 한다는 뜻을 밝혔다. 그런데 유시민의 '알릴레오'는 후원금을 받아도 된다고 하면서, 그 기준은 운영 주체가 정치인인지 아닌지의 여부에 따른다고 했다. 유시민은 정치인이 아니니 후원금을 받아도 되고,

홍준표는 정치인이니 후원금을 받으면 안 된다는 것이다.

홍준표가 정치인이라는 것은 부인할 수 없다. 그런데 과연 유시민이 정치인이 아닐까? 지금도 계속 정치 발언을 내고 있고 노무현재단 이사장이고 차기 대권 후보 선호도 여론조사에도 오르락내리락 하는데 말이다. 선관위는 "홍 전 대표는 정치 활동에 대한 의지를 드러내고 있는 반면에 유시민 씨는 정계 은퇴 선언은 물론이고 모든 공직 선거 불출마 의사를 밝히고 있어서 판례 등에 비춰 볼 때 정치인이라고 말하기 어렵다"라고 덧붙였다. 자, 그렇다면 유시민은 앞으로 정치 나오면 안 된다. 만약 정치에 나오면 정치자금법 위반이 된다. 나는 유시민이 인기를 업고 차기 유력 대선 주자가 될 것으로 내다봤었다. 그런데 선관위에 의해 유시민의 대권 도전도 끝난 것이다. 만약 유시민이 말을 번복하고 대선 가까이에 슬쩍 나온다면 선관위도 거짓말을 한 꼴이 되고, 유시민은 선거자금법 위반이 되는 것을 명심해야 한다.

유시민의 연역주의

정치인이 아니라던 유시민은 최근 MBC 라디오 방송에 나와서 이재명을 옹호하며 이렇게 말했다. "진보 쪽은 사고방식이 연역적이라 추구해야 할 최고 가치를 세우고 과제를 설정하고 수단을 선택하는 식인데 이 후보는 각론으로 바로 들고 나온다. 귀납적 사고방식"이라고 했다.

귀납법이란 참새는 난다, 비둘기는 난다, 오리는 난다, 따라서 모든 새는 날 수 있다고 결론을 내리는 방식이다. 하지만 타조 같은 새는 날 수 없으므로 모든 새는 날 수 있다는 것이 참된 추론은 아니다. 다만 각각의 경험치를 섞어서 결론에 도달하는 방식인 것이다. 반면 연역법은 사람은 죽는다, 임금도 사람이다, 고로 임금은 죽는다는 말처럼 명제를 정해 놓고 그 명제를 증명하는 방식이다. 다시 말해 귀납법은 개별자나 개체를 중심으로 하고 개개의 특성에서 공통의 명제를 만들어가는 과정인데 비해, 연역법은 하나의 명제나 전제를 놓고 개체나 개별자를 그 명제 아래 통일시켜 나가는 절차인 것이다.

진보는 원래 연역적이라고 한 유시민의 말을 음미해 보면, 진보 집단은 귀납이 아닌 연역으로 움직이는 군상들이라는 이야기다. 즉 리더가 명하면 그대로 따르는 일종의 군대와 같은 집단임을 실토한 것이다. 위에서 명령하면 그냥 복종뿐이다. 이 연역적 사고 훈련이 마침내 종교적 광신으로 발전한 것이 주사파 운동권이다. 주사파들은 명제를 정해 놓고 그에 따라 일사분란하게 움직인다. 그런데 이재명은 다르다는 것이다. 가끔 명제에 맞지 않는 소리도 한다고 하는 건데, 우파에서 볼 땐 헛소리를 하는 것을 두고 좋게 포장한 것으로 밖에 보이지 않는다.

　유시민은 얄팍하고 기회를 잘 포착하는 사람이다. 거짓말과 둘러대기도 잘하는 사람이다. 귀납법이니 연역법이니 평상시에 쓰지도 않는 현학적 용어를 꺼내 사람들을 현혹시키고 결국 자기 논리에 빠져 엉망진창이 되기 일쑤다. 그게 명제를 정해 놓고 증명하는 연역적 사고방식의 맹점이기도 하다. 이번 유시민의 말은 좌파 진영의 정치적 민낯을 보여 줬다. 25번이나 바꾼 부동산 정책만 봐도 알 수 있지 않은가. 결론을 내놓고 어떻게든 끼워 맞추는 방식의 말과 정책을 언제까지 봐야 하는 걸까?

2장_왜? 반드시! 윤석열

9수 내공으로
드디어 칼 뺏다

윤석열 징계의 하이라이트인 12월 5일을 앞두고 윤석열 총장이 카톡 프로필 메시지에 의미심장한 말을 남겼다. 'Be Calm and Strong'(침착하고 강하게). 검찰청 로고 앞에서 뒷짐을 지고 있는 단호한 모습의 사진과 함께 마치 전쟁터에 나가기 직전의 결기를 보여 주는 모습과 표정이다. 그가 이런 메시지를 올린 것은 무언가 강력한 결단의 시기를 선언한 것으로 보인다. '침착하고 강력하게.' 이것은 단지 자신을 건드리지 말라는 정도의 메시지나 협박이 아니다. 함께 올린 사진에도 엄청난 의미가 담겨 있다.

'Be Calm and Strong'이라는 문구는 헤밍웨이의 소설 〈노인과 바다〉에 나오는 것으로, 주인공인 노인이 큰 물고기와 사투를 벌이며 자기 자신을 단호하게 격려하며 내뱉은 대사이다. 따라서 '침착하고 강력하게.'라는 메시지는 다음 날 있을 추미애 팀의 징계위원회와 증인들, 그리고 그를 판단하는 법원 등을 향한 것으로 보이지 않는다. '내일 징계를 하든 말든 나는 간다. 징계를 해도 안 해도 나는 너희들을 부수어버리겠다'는 표현일 것이다.

알려진 대로 윤석열은 9수를 한 사람이고, 9수를 하면서 탐독한 것이 손자병법과 삼국지 등의 병법전서, 전술전서이다. 젊어서부터 그런 전술이 몸에 밴 사람이다. 단순히 혈기를 부리기보다 결정적인 한방을 노린다.

그래서인지 지금까지는 그저 법대로 하겠다, 나는 조직에 충성하지, 사람에 충성하지 않는다고만 했을 뿐 이처럼 단호한 선전포고 같은 메시지는 안 나왔다. 그런데 이 메시지는 싸우겠다는 의지이다. 아마도 "강력하게 내가 가지고 있는 검찰의 칼을 쓰겠다!"라는 뜻일 것이다.

그를 징계하려는 추미애를 겨냥하여 이런 선전포고를 한 것은 아니다. 추미애는 이미 4전 4패를 당했다. 따라서 그의 메시지는 추미애가 아닌 '문 정권을 쓰러뜨리겠다. 침착하게, 그리고 강력하게 쓰러뜨리겠다. 나는 다 가지고 있다. 준비가 다 되었다. 부하들 체제도 다 만들어 놨다.'일 것이다.

지금(윤석열 총장이 정치권에 나오기 직전 상황) 검찰은 한 몸이 되어 있다. 처음에는 술렁거렸다. 인사권을 가지고 있는 추미애와 윤석열 사이에서 양쪽의 눈치를 봤다. 그러나 지금은 완전히 윤석열 쪽으로 넘어갔다. 당시 징계위에는 윤석열을 징계하려는 추미애 측 증인이 네 명, 윤석열 측 증인이 네 명 출석할 예정이다. 그러나 추미애 측 증인 중 일부는 출석하지 않을 가능성이 있다. 겁을 먹은 것이다. 추미애 측 증인은 이성윤 중앙지검장과 독직폭행을 한 정진웅 차장 검사, 그리고 한동수 감찰부장과 심재철 검사인데, 이 중 심재철 검사는 출석할 가능성이 높다. 하지만 당시 이성윤 지검장과 정진웅 차장 검사는 '침착하고 강력하게' 선전포고를 한 윤석열을 두려워하여 징계위에 증인으로 출석하지 않을 가능성이 높았다.

그러나 만약 그들이 윤석열과 끝까지 싸운다 해도 윤석열은 그와 같은 조무래기들을 상대로 침착하고 강력하게 싸우지는 않을 것이다라는 예상이 들어 맞았다. '내가 만일 징계를 받으면 내 부하들과 총궐기해서 이 정권을 완전히 쓸어버리겠다. 설령 너희들이 꼬리를 내리고 나를 징계하지 않는다 해도 나는 간다.' 이것이 메시지의 핵심이다.

이렇게 되면 징계하는 쪽에서 겁을 먹고 징계를 안 할 수 없다. 그러나 윤석열을 제어할 수 있는 힘은 떨어질 것이다는 예상이 들어 맞았다. 만일 징계를 내려서 검찰 사법부의 응원과 함께 국민들의 응원이 쏟아지면 윤석열은 건드릴 수 없는 힘을 갖게 될 것이고, 징계를 안 해도 친다는 메시지이기 때문에 문재인 정권은 외통수에 몰린 상황이다. 징계를 해도 외통수, 안 해도 외통수인 그야말로 진퇴양난이다.

윤석열은 지금 결단을 내린 것 같다. 우리 국민들, 특히 애국시민들도 침착하고 강력하게 다지자. 윤석열의 깃발 때문이 아니다. 윤석열 그가 어떤 마음을 먹은 것인지 우리는 정확히 알지 못한다. 그러나 지금은 다른 대안이 없다. 우리가 믿는 건 국민들이다. 국민이 침착하고 단호하게 쭉 나가자.

'Be Calm and Strong!'

반드시 이긴다는
자신감

윤석열 후보가 완전히 뿔이 났다. 제주 선대위(국민의 힘) 임명식에서 "민주당과 국민의힘이 손잡고 날 공격한다"며, 정신머리를 바꾸지 않으면 국민의힘이 없어져야 한다고 특유의 카리스마로 일갈했다. "정권을 가져오느냐 못 가져오느냐는 둘째 문제이고, 정신머리부터 바꾸지 않으면 우리 당은 없어지는 것이 맞다. 정치판에 들어오니까 여당이 따로 없고 야당이 따로 없다. 비리가 드러나면 수사하고, 수사해서 진상이 드러나면 드러난 대로 처리하는 상식적인 일을 했음에도 불구하고 여권은 나 하나 죽이려고 탈탈 털었다. 그런 내가 정치를 하기 전에는 제대로 법을 집행하려다가 핍박을 받는 훌륭한 검사라고 하던 우리 당 선배들이 정치에 발을 들인 후에는 핍박이 갑자기 의혹으로 바뀌었다. 민주당과 손잡고 그들 프레임에 맞춰 나를 공격하고, 고발 사주 의혹을 가지고 대장동 사건에 비유하고, 이재명과 유동규의 관계가 나와 수사정보 정책과의 관계라는 식으로 공격한다. 이게 야당 대선 후보가 할 소리인가? 이런 사람이 정권을 교체하겠는가?"라고 하면서 유승민을 향해 작심 발언을 한 것이다.

뿐만 아니라 그는 홍준표를 향해서도 작심 발언을 쏟아냈다. 홍준표 의원이 제주도를 라스베이거스로 만든다고 한 공약을 거론하면서 "그 사막에 대형 관광호텔 시설과 도박장이 넘치는 라스베이거스에 살고 싶은가? 건설업자나 좋아하는 이런 식의 공약을 가지고 있는 사람들이 우리 당에서 대통령을 하겠다고 나와서 여기저기 폭탄을 던지고 다닌다. 나 개인은 얼마든지 싸움에 나가서 이겨낼 자신이 있지만 당이 한심하다. 정권 교체하려면 당부터 바꿔야 한다."라고 했다.

필자가 여러 번 언급한 것처럼, 만일 윤석열이 국민의힘에 들어가지 않고 바깥에서 이런 얘기를 쏟아냈다면 그의 인기가 하늘을 찔렀을 것이다. 그리고 제3지대에서 조직이 있는 소수 정당(예를 들면 안철수가 있는 국민의당)과 손을 잡고 이런 식의 행보를 보였다면 국민의힘 의원 다수가 뛰쳐나와서 그에게 합류했을 것이다. 그러면 제3지대가 완전히 야권의 새로운 정치판으로 구축됐을 것이고, 지금쯤 윤석열은 폭발적인 인기를 누리며 지금보다 두 배 이상의 지지율을 얻을 수 있었을 것이다. 아쉽다. 그러나 들어간 이상 그곳을 장악해야 하고, 이제라도 국민들의 기대에 조금 부응해야 한다. 좀 늦었지만 잘하고 있다.

최근에 일어난 대장동 사태에서도 보듯이 정치권에 얼마나 비리가 많은가? 야비하고 치사한 정치인들이 얼마나 많은가? 물론 점잖고 훌륭한 정치인들도 많다. 그러나 높은 자리에 오른 사람일수록 남을 밟고 치사하게 술수를 쓰는 경우가 많다. 그런 정치판을 싹 쓸어버리라는 것이 국민들의 염원이고, 그러한 국민들의 염원에서 윤석열 현상이 나온 것이다. 그 기대에는 문재인 정권을 심판하려는 것도 있지만 야당인 국민의힘도 못 미더우니 당신이 대안이 되어 달라는 희망이 담겨 있다. 그런데 그 속으로 들어가 버렸으니 효과가 반감된 것이다. 윤석열이 국민의힘에 안 들어가고, 기존의 정치판을 바꾸겠다고 용기를 냈다면 좋았을 것이다. 아쉽다. 하지만 들어갔으니 이제 거기서도 혁명을 일으켜 주길 바란다. 이 눈치 저 눈치 보지 말기 바란다. 조금 늦었지만 잘하고 있다고 칭찬하고 싶다. 힘내시길 바란다.

대장동 게이트,
이렇게 수사해야 한다

다음은 윤석열 후보가 페이스북에 올린 글이다.

대장동 게이트의 몸통은 이재명

지난 9월 14일 국회 기자회견에서 이재명 지사는 대장동의 설계자가 이재명이라고 자기 입으로 실토했고 전국에 방송되었다. 그런데도 대장동 아수라 게이트의 본질이 왜곡 변질되고 있다. 덮어씌우기의 달인들답게 꼬리를 미끼로 흔들며 게이트의 몸통을 숨기려 하기 때문이다. 그러나 누가 보더라도 대장동 게이트의 몸통은 이재명이다. 본인이 방송에 나와 설계자라 자백하고(2019년 9월 14일), 본인이 사인한 증거까지 명백한데, 어찌 손바닥으로 하늘을 가릴 수 있겠는가.

저들은 덮어씌우기의 달인들이다. 상식과 공정, 정의를 짓밟던 조국 비리를 검찰 개혁을 내세워 여론을 호도하고 사건의 본질을 변질시키려 했던 것과 똑같은 덮어씌우기 여론전을 펴 조국 사태 시즌2를 만들고 있다. 그야말로 정의의 이름으로 정의를 죽이고, 공정의 이름으로 공정을 짓밟는 것이다.

정권 교체 못하면 저들은 국민을 설계의 대상으로 삼아 대한민국을 온통 대장동 아수라 판으로 만들 것이다. 선거를 면죄부 삼아 5년 내내 이권 카르텔의 배를 불리기 위해 국민을 약탈할 것이다. 이번에 우리가 대장동 게이트의 진실을 제대로 규명하지 못한 채 대선을 치르고, 그래서 자칫 정권 교체에 실패한다면 저들은 이제 5천만 우리 국민을 설계의 대상으로 삼아 대한민국 전체를 대장동 아수라 판으로 만들지도 모른다.

이는 역사에 죄를 짓는 일이다. 이것만은 반드시 막아야 한다. 이걸 막는 것이 윤석열에게 맡겨진 소명이라고 믿는다. 이런 부패, 몰상식, 부정의, 불공정을 척결하기 위해 대통령 후보로 나선 것이다. 이번 사건은 이재명 후보 개인의 의혹을 넘어 대한민국이 과연 상식이 통하는 나라인지, 앞으로 공정과 정의가 자리 잡을 수 있는 나라인지에 대해 시험하는 시험대다.

대장동 게이트, 이렇게 수사해야 한다

우선 핵심이자 출발점은 공영 개발로 땅값을 후려쳐서 강제 수용하여 땅 주인들에게 피해를 주고, 팔 때는 분양가 상한제를 피해 비싸게 분양해 후 분양자들에게 피해를 준 수천억 원 배임 범죄인데, 이 부분은 이미 설계 단계에서 결정된 범죄이다. 그런데 이재명 지사는 스스로 설계자라고 자백했다. 이런 사건은 대개 실무자 선에서 꼬리 자르기 하는 것을 돌파하는 수사가 어려운 건데, 본인 스스로 방송에 나와 설계자라고 했으니 꼬리 자르기도 안 된다. 게다가 대장동이 처음이 아니고 위례 지구 등의 수법 그대로이니 고의도 분명하다.

둘째로 그런 범죄행위가 드러나지 않고 넘어가기 위해 정관계에 로비한 범죄를 수사해야 한다. 이 부분도 이미 언론 보도로 단서가 나와 있고, 수사하면 더 나올 것이다. 이번 기회에 여야 진영 불문 나오는 대로 모두 발본색원해서 엄벌하면 된다. 범죄에 여야가 어디 있나?

마지막으로 배임으로 인한 수천억을 아무런 수고 없이 꿀꺽 삼킨 화천대유에서 그 돈을 어떻게 했는지 횡령과 범죄 수익 은닉 범죄를 수사하면 된다. 그러면 그 돈의 종착역이 나올 것이다. 그러면 이 수사는 완성된다. 제대로 된 수사팀이 수사 의지만 있다면 다 밝혀질 범죄이고, 이미 언론 취재로 많은 부분이 드러났다.

"제가 대통령이 되면 대장동 같은 일은 없을 것이고 화천대유의 주인은 감옥에 갈 것입니다. 이재명 후보가 대통령이 되면 대장동이 전국에 수십 개 더 생길 것이고, 화천대유의 주인은 밝혀지지 않을 것입니다."

⎯⎯⎯⎯⎯⎯⎯⎯⎯⎯⎯⎯⎯⎯⎯⎯⎯⎯⎯⎯⎯⎯⎯⎯⎯⎯⎯⎯⎯⎯⎯

의지가 분명하다. 자신감을 얻은 듯하다. 왜냐하면 대장동 사업의 설계자가 이재명 자신이라고 기자회견에서 얘기한 것이 방송을 탔기 때문이다. 자기가 설계했고 본인이 몸통이므로 꼬리 자르기가 안 된다. 평생 검사로 살아오면서 검찰총장을 지낸 경력을 바탕으로 어떻게 수사하면 되는지 방법까지 알려 준다. 그래서 대권은 하늘에서 내린다고 하지 않는가? 이럴 때 하필이면 이 비리 덩어리인 상대와 싸우는 것을 우리 같은 일반인들이 아니고, 정치인들도 아니고, 평생 검사를 한 사람, 검찰총장까지 지낸 사람, 그리고 사법 시험 합격을 위해 9수를 한 사람인 윤석열이 대권 주자로 야권에서 유력해진 것이 하늘의 뜻 아닐까?

이제 법대로 다 밝혀질 범죄라고 자신 있게 얘기하는 윤석열 후보의 말에 첨부하겠다. 본인이 하늘의 섭리로, 하늘이 내리는 그 대권 주자라고 자신한다면, 하늘의 뜻을 받아서 이 비리 덩어리의 대한민국을 싹 도려내려고 본인이 선택받았음을 기억해야 한다. 그렇다면 하늘의 뜻을 온전히, 오롯이 해석하길 바란다. 무겁게 사명감을 받아들이시라. 이 사명감을 받지 못하면 반대로 엄청난 형벌이 올 것이다. 국민들이 지켜보고 있다.

최영섭 대령이
하늘에서 돕는다

　최재형 전 감사원장의 부친이신 최영섭 대령이 하늘나라로 가셨다. 삼가 고인의 명복을 빈다. 아버님은 정말 영웅답게 멋진 날을 선택해서 가셨다. 물론 돌아가신 건 안타깝지만 역시 영웅이시다. 아들인 최재형 전 감사원장은 많은 생각을 했을 것이다. 처음에는 그의 아버지가 대선에 나가는 그를 말렸다고 한다. 그러나 국가를 구하겠다는 아들의 사명감을 보시고, "이왕 나갈 거 나라를 구하라"면서 많은 이야기를 해 주셨다고 한다. 이제 아버님의 말씀은 유언이 되어 버렸다. "내 걱정 하지 말고 나라 걱정하고 나라를 살려라. 나는 하늘나라에서 아들인 너를 응원하겠다."

　부모가 죽으면 자식은 여러 가지 면에서 그 전과는 조금 달라지기 마련이다. 최재형 전 감사원장 역시 아버님께서 돌아가시기 전에 하신 말씀을 되새기면서 꼭 나라를 구하겠다는 각오를 다지고 있을 것이다. 또한 아버지이신 최영섭 대령이 하늘나라에서 아들을 위한 어마어마한 원군이 되실 것이다.

　그래서일까? 대선 주자로서 처음 만나는 자리였다. 두 사람은 서로 복잡한 심경일 것이다. 함께 나라를 구해야 된다는 마음도 있을 것이고, 라이벌 의식도 있을 것이고, 상대가 훌륭하고 대단하다는 것도 인정하고 있을 것이다. 그런 중에 아버님의 부친상을 계기로 역사적인 첫 조우가 이루어지게 되었다. 물론 상갓집에서 대선이 어떠하다거나, 어느 정당으로 들어가야 한다는 식의 구체적인 이야기는 하지 않았다. 그러나 짧은 대화를 나누는 중에 묵직한 교감이 있을 것이다. 첫 번째 교감은 나라를 구해야 되겠다는 사명감일 것이고, 그다음은 정권 교체에 대한 의지일 것이다. 현 정권에서 검찰총장과 감사원장을 수행했기에 굳이 얘기하지 않아도 공감하는 동지애가 있을 것이다.

평범한 친구 사이도 상갓집에서 만나면 굉장히 숙연해진다. 사명감을 가진 이 두 사람이 악수하는 순간, 아마도 전율이 오갔을 것이다. 그리고 넌지시 하나가 되는 대화가 이뤄졌다. 이것은 하늘나라로 가신 아버님께서 자리를 만들어 주신 것이다. 윤석열을 조문객으로 부르셔서 두 사람이 힘을 합쳐 나라를 구하라는 아버님의 마지막 의미심장한 유언이다.

이제 두 사람이 어떻게 하나가 될 것이냐가 관건이다. 국민의힘에서 합쳐질 것인지, 아니면 제3지대에서 합쳐질 것인지 알 수 없다. 제3지대를 선택한다면 국민의힘은 사실상 무너지게 될 것이고 두 사람에게는 위험 부담이 커질 수 있다. 그래서 국민의힘

에 합류하여 하루빨리 경선을 치르는 것이 쉽다고 생각하고 입당
했다. 그러나 거기 역시 변수들이 도사리고 있다. 유승민, 김무성,
홍준표, 이준석 등이 복병이 될 것이다. 물론 윤석열은 잘 헤쳐 나
갈 것이다.

한국의 정치판이 바뀌어야 될 때가 왔다. 걸출한 인물 두 사람
이 의기투합하면 기존 정당 체제를 싹 쓸어버릴 수 있다. 최영섭
대령께서 마련해 주신 만남을 통해 두 사람이 도원결의 같은 의기
투합을 하기 바란다. 그날의 만남을 계기로 우리나라 정치판을 완
전히 바꾸어 주길 바란다.

윤석열 검찰총장
전상서

　이순신처럼 무너져가는 나라를 홀로 지킨다는 사즉생의 각오로 임해 주길 부탁합니다. 당신은 손자병법에 능하고 삼국지를 통달한 것으로 알고 있습니다. 비장한 각오로 나라를 살려 주십시오. 이순신 장군이 만약 그 당시의 악조건 속에서 포기하지 않고 사즉생 각오로 임하지 않았다면 지금의 대한민국은 있지도 않고, 총선 참패의 고통조차 느낄 수 없었을 것입니다.

　이번 총선으로도 나타났지만 주사파 정권은 엄청난 힘과 전술을 가진 막강한 집단입니다. 게다가 엄청난 지지 세력도 보유하고 있습니다. 어려운 싸움이 되겠지만 이순신 장군의 "신에겐 아직도 12척의 배가 있습니다."라는 말처럼, 목숨을 함께하는 12명의 검사들과 사즉생의 각오로 이번 선거 과정에서 입건된 90명의 당선자들 수사에 사활을 걸어 주십시오. 그동안 윤석열 팀에서 수사해 왔던 문 정권 3대 게이트 플러스알파의 수사도 끝을 내 주십시오.

　이순신에게 거북선이 있었다면 당신에겐 미래한국당 비례대표에 표를 던졌던 33.8퍼센트의 국민들이 있습니다. 나라를 살려 달라고 애원하는 그들이 당신의 거북선입니다.

난세에 영웅이 난다고 했습니다. 좋든 싫든 윤석열 당신은 영웅이 되어 주어야 하겠습니다. 인생을 살면서 때로는 싫어도 해야하는 일이 있고, 좋아도 해선 안 되는 일이 있습니다. 만약 당신이 선봉장이 되어 나라를 구하는 일을 무서워 피한다면 비겁자로 낙인찍힐 겁니다. 절망의 늪에서 허우적대는 수천만의 국민들을 1분 1초라도 잊으면 당신께 비범함을 선사한 하나님에 대한 직무유기입니다.

이순신 장군과 비교되는 것을 부담스러워 마십시오. 주어진 처지와 사명을 비교하는 것이지 업적을 비교하는 것은 전혀 아닙니다.

용기를 가지고 때를 놓치지 않기 바랍니다. 장성택이 때를 놓치고 김정은에게 당했던 것처럼, 아차 하는 순간에 당할 수밖에 없는 풍전등화의 운명입니다. 다시 말하거니와 당신에겐 아직도 열두 명 이상의 검사가 있고 33.8퍼센트나 되는 거북선이 있습니다. 힘을 내 주십시오.

윤석열에게 남은 시간이 없습니다. 지금 머뭇거리면 손도 못 쓰고 전사할 수 있습니다. 아니나 다를까 법사위원장을 강탈한 더

불어민주당이 윤석열 검찰총장 손보기에 나섰습니다. 법사위원으로 활동하게 된 민주당 김종민이 오늘 라디오에서 한명숙 전 총리 수사과정에서 위증 강요가 있었다는 부분을 언급하면서 이런 얘기를 합니다. "새 법사위가 구성되면 이것부터 추궁해서 확인할 것이다." 윤석열 총장이 근거 없이 검찰에 제동을 걸었다며 직권남용으로 몰고 가려고 합니다. 또 유시민 비리 의혹을 취재하던 채널A 기자가 윤 총장 측근인 검사장과 다섯 차례 통화했다는 내용도 언급하면서, 이것도 다시 수사해야 한다는 식으로 엄포를 놓고 있습니다.

같은 당 내 박범계도 페이스북에 "21대 국회 법사위는 신속히 공수처 관련법을 통과시켜야 할 책무를 으뜸으로 갖고 지켜야 한다"면서 공수처로 윤석열을 본격적으로 손볼 것이라고 엄포를 하고 있습니다.

적반하장도 유분수지, 이제는 집권층에서 총력전으로 윤석열 죽이기에 나서고 있습니다. 이제 윤석열에게 남은 건 '얼마나 많은 검사들이 윤석열과 목숨을 걸고 끝까지 싸워 줄 것인가?'인데 지금까지 돌아가는 형국으로 볼 때 신통치 않아 보입니다. 그럼 이제 '자유우파 시민들이 윤석열을 응원할 것인가?'인데 이것도 미련을 버리기 시작했습니다.

필자가 마지막으로, 실오라기 잡는 심정으로 충언합니다. 그대를 위해서, 그리고 나라를 위해서 지금 마지막 기회를 놓치면 엄청난 광폭 세력의 무차별 계획에 의해서 당신은 망신창이가 되어서 쓰러지고 말 것입니다. 그때에는 애국 시민들도 당신을 돕지 못합니다. 이미 윤석열 총장 당신이 최근에 머뭇거리는 태도를 취하면서 우파 우군 대부분이 당신으로부터 멀어졌습니다.

자, 이제 마지막 용단을 내릴 수밖에 없습니다. 사즉생의 각오로 지금 실행에 옮기지 않으면 내일 죽습니다. 백선엽 장군이 북한군과 중공군의 막강한 화력과 인해전술로 거의 몰락하기 직전에 부하들에게 "내가 한 발짝이라도 여기서 후퇴하면 나를 쏴라."라고 명령하고 앞으로 진격하여 낙동강을 막았기에 오늘날 자유 대한민국이 있는 겁니다. 그때 백선엽 장군은 자기 목숨도 살렸고, 자기 명예도 살렸고, 대한민국도 살렸고, 영웅이 되었습니다.

믿을 만한 측근 검사들에게 "내가 한 발짝이라도 비겁하게 굴면 나를 고소하고 감옥에 가두어라." 명령하십시오. 그리고 진격하십시오. 당신의 진격은 검사로서 본분을 다하는 겁니다. 수사선상에 올라와 있는 부정선거를 법대로 수사하면서 속도전으로 밀어붙이십시오. 그리고 장렬하게 전사하십시오. 그러면 국민들이 당신을 구하고 그것을 넘어서서 영웅으로 떠받들 것입니다.

지금이 마지막 시간입니다. 진실의 힘으로 저들을 쓰러뜨릴 마지막 찬스입니다. 이 찬스를 놓치면 당신은 억울하게 감옥에 가고 치욕스러운 검찰총장으로 역사에 도배될 것입니다. 선택하십시오. 시간이 없습니다. 진짜 시간이 없습니다. 사즉생의 각오로 나서 주길 호소합니다.

누가 더
고수일까?

　당시 서울 하얏트호텔에서 열린 김종인 씨의 출판기념회에 윤석열과 이준석이 참석했다. 훼방꾼을 만들기보다는 끌어안고 같이 가겠다는 것으로 보인다. 친구 관계든 어떤 모임이든 김종인 같은 사람들이 있다. 내치고 싶지만 그럴 경우 동네방네 다니며 문제를 일으켜서 하는 수 없이 품어야 하는 사람들이다.

　당시 열린 출판기념회에서 김종인 씨는 "해방 이후, 민주화 이후로 지금까지 온전한 대통령이 하나도 없다. 만고불변의 권력일 것처럼 허세를 부리다 국민의 심판을 받고 사라지는 게 대한민국의 정치 역사다."라는 이야기를 했다고 한다. 정말 어이가 없다. 그 대통령들 대부분을 당선시키는 데 사령탑 역할을 한 그가 할 소리는 아니지 않은가? 문재인 만들고, 그 전에 박근혜 대통령도 만들고, 이제 또 윤석열을 대통령으로 만들겠다는 그가 기웃거린 지도자가 어디 한두 명인가? 전두환 대통령 때부터 대통령 선거의 사령탑을 맡았던 그가 대통령들이 잘못한 일에 대해서는 조금의 반성도 없이 비판만 할 수 있는 것인가?

그리고 왜 하필 지금 출판기념회를 하는 것인가? 대통령 선거운동이 본격적으로 시작되는 지금 출판기념회를 하여 윤석열, 이준석을 불러놓고 여론의 집중을 받으며 자신의 몸값을 올리겠다는 심산 아닌가? 뿐만 아니라 그는 청년 문제를 거론하며 "지금의 대한민국은 출산율, 고용률, 빈곤율 등 여러 경제지표가 희망적이지 않다. 청년에게 부끄럽고 죄송한 일이다. 청년들이 제 부족한 책을 읽고 용기를 얻기를 기대할 뿐이다."라고 했다고 한다. 정말 그 책으로 청년들에게 용기를 줄 수 있다고 생각하는 것인가? 정말로 청년들한테 용기를 주는 건 어른으로서 본을 보이는 것이다. 그러면 청년들이 '아, 저런 어른이 계시구나. 나도 저렇게 살아야되겠다.' 생각하며 용기를 얻고 희망을 얻는다. 자신만이 청년들의 희망이고, 자신만이 부족한 걸 메울 수 있다고 하며 지금의 조직으로는 안 되니 전권을 달라고 욕심을 부리는 모습을 보고 청년들이 무슨 희망을 얻고 용기를 얻겠는가?

그때 출판기념회를 한 것만 보아도 그는 정말 밀당의 귀재임을 알 수 있다. 그런데 윤석열 후보가 이걸 잡는 것 같아 걱정스럽다고 전망했었다. 윤석열 현상이 왜 나왔는가? 지난 몇 년간 그가 문재인 정권에 대항하는 모습을 보고, 정권 교체의 열망을 가진 국민들이 그를 응원하고 지지하게 된 것 아닌가? 그렇다면 그는 자신이 스스로 헤쳐 나가는 모습을 보여 줘야 한다. 급하다고 해서 김종인처럼 노욕 있는 사람을 붙잡으면 안 된다. 그는 전두환 현상, 노태우 현상, 이명박, 박근혜 현상, 문재인 현상, 안철수 현상까지 뒤섞인 사람이다. 새로운 혜성이 아니다. 지금까지 때 묻은 정치, 눈치 보는 정치, 기회주의 정치로 바닥을 다 드러낸 사람이다.

밀당의 귀재에게 넘어가면 안 된다. 이재명이 제안한 일대일 회동을 거절한 것처럼 김종인에게도 단호한 모습을 보여 주어야 한다. 김종인에게 "캠프는 다 꾸려졌으니 자문위원장으로 좋은 자문 해 주십시오."라고 넌지시 말했다면 총괄을 고집했던 그는 선대위로 들어오지 않을 것이다. 왜 그에게 총괄을 맡기려 하는 것인가?

이제 책임은 윤석열에게 있다. 김종인이 분란을 일으키거나 잘못된 길로 가면 그 책임 또한 그를 영입한 윤석열이 져야 하는 것이다라고 맹렬히 비판했었다. 4.15 총선 패배 후 당에 손가락질을 하며 떠났던 사람이 김종인이다. 그런 사람이 이제 그 당의 대통령 후보가 결정되니까 자기에게 전권을 달라고 은근한 압력을 넣는다. 그가 김종인에게 휘둘리지 않기를 바란다고 분석한대로 추후 윤석열은 김종인을 기술적으로 내쳤다. 다행스런 결과였다. 또한 단일화를 잘해 주기 바란다. 윤석열에게는 김종인보다 안철수가 더 중요하다. 보수우파 유권자들 20만 명의 설문조사 결과를 기억해야 한다. 윤석열이 꼭 붙들어야 할 사람으로 안철수가 압도적인 1위를 차지했다. 그 설문조사에서 김종인은 이준석과 꼴찌 싸움을 벌였다. 그 말은 붙들어야 할 사람이 아니라 내쳐야 할 사람이라는 뜻이다. 이러한 유권자들의 뜻을 잘 헤아려 윤석열은 나이스하게 김종인을 내치고 말았다.

3장_똑바로 보면, 그가 보인다

어린 시절
패션 대결

이재명 캠프에서 이재명과 윤석열의 어린 시절 옷차림을 비교하는 사진을 올렸다. 윤석열의 사진은 유치원복 같은 차림에 나비넥타이를 맨, 소위 부잣집 도련님 같은 모습의 컬러 사진이었고, 이재명의 사진은 허름하고 큰 옷을 입은 평범한 모습의 흑백 사진이었다. 이를 두고 이재명 캠프 측에서는 어린 시절 이재명의 깨끗하지만 몸보다 훨씬 큰 옷에서 가난을 보았고, 윤석열의 딱 맞는 옷과 나비넥타이에서 부유함을 보았다며, 가난한 사람들은 자식이 다 자라도록 오래오래 입히려고 큰 옷을 사서 입힌다. 미래의 가난까지 걱정할 수밖에 없는 이들의 아프고 아련한 마음을 윤석열이 알 리가 없다고 했다. 그러자 윤석열 지지자들 사이에서는 난리가 났다. 가난이 무슨 훈장이고 잘사는 건 악이냐, 선과 악 구조로 몰아가지 말라고 말이다.

그런데 다음날 반전이 일어났다. 반전의 주인공으로 발탁된 사람은 조국이다. 시사평론가 김수민 씨가 조국의 어린 시절 사진을 올리면서 "이재명 쪽은 조국을 속으로 싫어하나 봄."이라고 비꼰 것이다. 윤석열의 어린 시절 사진이 부잣집 도련이었다면 김수민 평론가가 올린 조국의 어린 시절 사진은 마치 왕실의 황태자 같았다. 사진 한 장이 이재명 캠프를 제대로 한 방 먹인 것이다.

어린 시절 사진을 가지고 이재명은 가난한 서민의 아들로 입지전적인 인물이고, 윤석열은 부자이고, 부자는 악이라는 식으로 몰아가는 것은 치사한 공격이다. 교도소에 가 보면 부자인 범죄자도 많지만 가난한 범죄자도 많다. 부자로 태어나서 사회의 악이 되는 사람들도 많지만 가난하게 태어나서 사회의 악이 되는 경우도 많다. 더욱이 부자로 태어나거나 가난하게 태어나는 것이 선택할 수 있는 것인가? 그것이 어떻게 그 사람의 훈장이 될 수 있는가?

부모가 가난해서 어린 시절에 밥도 제대로 못 먹고 자랐지만 열심히 기술을 연마하거나, 열심히 운동을 해서 올림픽 금메달을 따거나, 열심히 공부해서 좋은 대학을 나와 판검사, 의사, 훌륭한 과학자가 된 사람들도 많다. 또한 부자가 사회에 재산을 환원하고, 불쌍한 사람들을 도와주고, 일자리를 창출하며 선행을 베푸는 경우도 많다. 그런데 왜 부자가 악이고 가난이 선인가?

억지를 부리고 억지로 세뇌를 시키려고 하면 안 된다. 더 이상 그런 식의 공격은 통하지 않는다. 부자로 태어났든 가난하게 태어났든, 그 사람이 악하면 악인이고 선행을 베풀며 살면 훌륭한 사람이다. 치사하게 선거운동 하지 마라!

서클 선배 권영세의
냉정한 평가

다음은 국민의힘 당 대표 출마 선언을 준비 중인 권영세 국회의원과의 대담이다. (2021년 5월 11일)

이봉규: 곧 당 대표 출마 선언을 하실 권영세 의원님 모셨습니다.

권영세: 안녕하세요. 권영세입니다.

이봉규: 당 대표 출마 선언 하신 거죠?

권영세: 아직 공식적인 선언은 안 했고요, 출마는 준비 중에 있습니다.

이봉규: 중국 대사 하셨죠? 박근혜 정부 시절에.

권영세: 네, 탄핵 정국으로 들어가면서부터는 사실 외부 활동을 많이 안 했습니다. 그러다가 용산에서 다시 도전을 해서 됐습니다.

이봉규: 여의도 영등포 을에서 3선하시고 이번에 용산에서 4선 의원이신데, 4선이시면 뭐 중진이시죠.

권영세: 4선을 넘어야지요.

이봉규: 그러네. 사선을 넘어야 되네. 지금 나라가 사선입니다.

권영세: 그렇죠.

이봉규: 이번에 당 대표를 출마하시게 된 각오랄까, 배경은 어디 있습니까?

권영세: 지금 내년 대통령 선거에서 만약 우리가 패배한다면, 그 래서 문재인 정부 2기가 생긴다면 우리나라가 저는 이대 로 갈 수 없다고 생각이 됩니다. 그래서 정말 중요한 대 선이고 나라의 운명이 갈리는 대선인데, 제가 고맙게도 대선을 여러 차례 핵심적으로 관여했던 적이 있습니다. 두 번째 때는 이봉규 대표님하고도 긴밀하게 연락했던 기억이 있는데, 2007년도에 MB와 박근혜 당시 후보 간 경선이 엄청나게 치열했지 않습니까?

이봉규: 그렇죠.

권영세: 그래서 당시에 다 이쪽저쪽으로 줄을 서다 보니까 경선 과 관련해서 중립적으로 관리할 사람들이 위원회를 구 성도 못할 정도로 갈렸었습니다. 그래서 제가 당시의 그 대선배들한테 이런 식으로 줄 세우고 줄 서는 정치하 지 말라고 일갈을 했던 기억도 있어요. 제가 최고 위원 으로서 중립적으로 관리하는 역할을 했던 경험도 있고, 2012년 대선에서는 제가 핵심적으로 박근혜 대통령 당

선을 위해서 역할을 했던 경험도 있고요. 또 세 번째로는 2017년에 반기문 총장이 제3지대에서 대선 도전을 하는 과정에 제가 깊이 관여를 했지만 결과적으로는 중간에 접어야 되는 상황을 제가 핵심적으로, 핵심 속에서 볼 수가 있었습니다. 이 세 번의 경험이 저한테 주어진 자산 같은 거라서, 내년 3월 대선에서 이걸 반드시 우리 대선 승리를 위해서 써야 되겠다고 생각했습니다.

이봉규: 그러니까 권영세 의원 본인이 대선을 많이 치러 본 노하우로 대선 승리를 이끌어 내시겠다는 거네요. 미안한 말씀이지만 지금 당 밖에서 보면 그 안에 대선 주자가 안 보여요. 그럼 당 대표가 되신다면, 윤석열 전 총장을 영입하는 데 결정적인 역할을 하신다는 겁니까? 아니면 다른 복안이 있으십니까?

권영세: 그 부분은 좀 미리 말씀을 드려야 될 거 같은데, 지난 4월 7일 재보궐 선거, 특히 서울시장 재보궐 선거에서 우리가 이겼지 않습니까? 우리가 연전연패하던 분위기를 바꿨다는 점에서 굉장히 바람직한데, 문제는 우리 당이 그 뒤에 너무 들떠 있는 게 아닌가.

이봉규: 약간 해이해지신 것 같아요.

권영세: 네, 지금 우리 후보들의 상황을 보면 내년 대선이 굉장히

어렵게 갈 거라고 예측을 합니다. 지금 우리 당 내에 있는 후보들의 지지율이 사실 굉장히 미미하지 않습니까? 뭐 본인들 탓도 있겠지만 지난 1년 동안 김종인 비상 대책 위원회 체제에서 우리 후보들한테 마이크가 전혀 주어지지 않고 오히려 폄훼되었던 것도 원인이라고 할 수 있습니다.

이봉규: 마이크 안 주어져도 될 사람은 다 되죠.

권영세: 마이크가 안 주어진 정도를 넘어서서 폄하되었던 부분, 이미 다 평가받은 사람이니까 안 된다는 식으로 했던 부분도 원인이 있다고 생각이 됩니다. 지금 윤석열 후보를, 아직은 후보라기보다는 전 총장이라고 얘기해야 되는데,

이봉규: 지금 인기가 제일 높으니까.

권영세: 절대적으로 높은데, 그렇다고 해서 한쪽만 바라봐서는 안 된다고 생각되고, 화살통에 화살이 많이 있어야 된다고 생각이 됩니다. 그게 결국은 윤석열 전 총장이 정치를 선언할 경우, 그 사람에게도 도움이 된다고 생각을 합니다. 그런 면에서 윤석열 전 총장에 대해서 제3지대 얘기도 많이 나오고 있습니다만, 결국 우리 당에 들어올 거고, 들어와야 된다고 생각을 합니다. 특히 대선은 동네의 어떤 작은 모임의 회장 선거 같은 게 아니라 굉장히 중요

한 거니까 우리 당으로 들어오는 게 윤 총장을 비롯해서 잠재적인 제3 후보들한테도 결국은 그들이 사는 길이라는 걸 진솔하게 설명한다면 저는 들어올 거라고 생각을 합니다.

이봉규: 윤석열 총장에게 들어오라고 할 만한 메신저가 있습니까?

권영세: 메신저는 뭐 충분히 있을 수 있고, 예를 들면 저도 얼마든지.

이봉규: 권영세 의원님도 개인적인 친소 관계가 있습니까?

권영세: 학교 다닐 때 굉장히 가까운 선후배 사이였죠. 서울대학교 법과대학에 '형사법학회'라는 모임이 있는데, 그 모임 2년 선배가 최재형 감사원장이고, 2년 후배가 윤석열 전 총장이지요.

이봉규: 아, 그런 게 있으니까 다른 당 대표 주자들보다는 좀 가까우시겠네요. 윤석열이나 최재형 감사원장도 요즘에 많이 화제가 되고 있어요. 최재형 감사원장도 그 적임자다 이런 말씀이시네.

권영세: 제가 감히 다른 사람보다는 좀 제 말을 진솔하게 받아들일 가능성이 크다, 이렇게 생각을 합니다.

이봉규: 최재형 감사원장이 2년 선배시니까. 야, 대단한 서클이

다. 그러면 이제 최재형 감사원장도 아까 얘기한 화살통의 중요한 자산인데 어떤 입장이십니까? 최재형 감사원장도 모실 건가요?

권영세: 최 선배는 학교 다닐 때부터 조용하고, 자기주장 강하지 않고, 그러나 단단해 보이는 그런 선배였습니다. 그런데 정치하고는 좀 떨어져 있을 거 같은 그런 분이고, 그래서 오늘인가요? 입양의 날 맞아서 인터뷰가 나왔는데 정치 부분은 사양한다고 하시면서 입양에 관한 얘기만 하셨더라고요. 그런데 나라에 대한 애국심과 책임감이 있는 분이니까, 정말 본인이 아니면 안 될 상황이라면 생각을 달리 할 수도 있다고 생각이 됩니다.

이봉규: 대학 때 최재형 감사원장 선배에 대한 일거수일투족 보면서 인품이라든가, 소문이라든가 그런 걸로 봐서 정치에 도전할 걸로 보십니까, 아니면 안 할 걸로 보십니까?

권영세: 쉽게 정치권에 들어올 분은 아니지만 이 나라가 엉망으로 가는 것에 대해서 본인이 아니면 막을 수 없다는 생각이 들게 된다면 생각을 바꿀 수도 있다고 생각합니다. 그런 부분에 대해서도 대표가 된다면 접촉을 좀 해 볼 생각입니다.

이봉규: 본의 아니게 뜻하든 뜻하지 않든, 대학 때부터 그런 인연

이 있으셨네요. 제가 가끔 그런 얘기를 했는데, 윤석열, 최재형 감사원장이 투톱이 되어서 나라를 이끌면 굉장히 괜찮겠다 생각합니다.

권영세: 그렇죠. 저까지 같이 넣어서 쓰리톱으로.

이봉규: 그러니까요. 그럼 만약에 당 대표가 되신다면 투톱을 모셔 와서 러닝메이트 제도는 없지만 공약으로 한 분 대통령하고 한 분 총리한다, 이런 러닝메이트 하면 되는 거죠. 그건 어떻게 생각하십니까?

권영세: 저는 아주 좋은 생각이라고 봅니다. 지금 이 정부를 보면 대통령도 좀 그러시고 총리도 좀 그러시지 않습니까?

이봉규: 좀 그런 정도가 아니죠.

권영세: 그러다 보니까 나라가 지금 완전히 엉망이 되고 있는 상황 아니겠습니까? 최근에 김부겸 총리 지명자 가지고도 지금 시켜야 되느냐 말아야 되느냐 그러는데, 저는 그 부분에서 라임사태라든지 의혹이 해결되지 않으면 문제가 있다고 생각을 합니다. 이런 대통령, 이런 총리가 있는 나라가 지금 코로나로 인해서 어렵고, 또 경제도 어렵고, 또 코로나 이후에 재계가 완전히 뒤집어지다시피 할 텐데 거기에 대한 대비도 전혀 안 되어 있고.

이봉규: 그래요. 반드시 이 위기는 막아야 됩니다. 어제 4주년 특

별 선언 들으셨어요? 어떻게 평가하십니까?

권영세: 지난 4년 해 왔던 모습에서 한 발짝도 더 안 나갔습니다. 나머지 1년 동안에 마무리 잘하겠다는 모습이라도 있어야 되는데, 우선 죽비를 맞았다는 것도 말입니다, 죽비 정도가 아니라 몽둥이로 맞고 회초리로 맞았다 그래도 부족할 판인데 죽비 정도로 생각을 하니 이 부동산 문제도 고쳐지겠습니까?

이봉규: 죽비 맞았다고 하면서 또 정책은 밀고 나가겠대요. 그럼 그게 맞은 겁니까? 아니 왜 아직도 저렇게 고집을 부릴까요? 이유가 뭐라고 생각하십니까?

권영세: 뭐 어떤 면에서는 지금 같은 모습이니까 4년 동안 망가뜨렸다고도 볼 수 있고요. 지난 4년 동안 이 정부의 정책 중에서 제대로 실현됐다고 하는 건 적폐청산 하나밖에 없습니다. 그 적폐청산도 아주 혹독하게 잘못된 적폐청산, 정적 청산 같은 경우로 진행이 되었고, 그래서 뭐 정책이 있다면 선거 정책밖에 없죠. 어제 발표를 보니까 앞으로 남은 1년 동안에도 더 이행을 할 것 같아서 정말 걱정입니다.

이봉규: 그러니까요. 조금도 달라진 게 없더라고요. 이번에 문제 많은 장관 후보자들을 능력이 있는데 왜 시비 거냐는 식

으로 얘기하던데요?

권영세: 어떻게 본인이 야당일 때랑 정반대의 얘기를 눈 하나 깜짝 않고 하시는지가 참 연구 대상인 거 같습니다. 그나마 건질 만한 건 사면과 관련해서 지난번보다는 좀 진일보한 부분이 있다는 점. 그런 정도 외에는 뭐 부동산 대책부터 시작해서 인사 청문회 장관 임명 부분부터 시작해서 모든 부분에서 앞으로 우리가 한 번도 경험해 보지 못한 부분을 또 경험하고 또 경험하겠구나, 이런 생각이 들게 만드는 내용이었습니다.

이봉규: 사면 말씀을 하셨으니까, 박근혜 대통령 때 주중 대사 하셨잖아요. 사실 주중 대사는 막중한 자리거든요. 박근혜 대통령이 권영세 의원을 진짜 믿으시고 그렇게 했는데 아직까지도 감옥에서 저렇게 있는 거 보고 굉장히 안타까우시겠어요.

권영세: 굉장히 안타깝게 생각합니다. 박근혜 대통령이나 이명박 대통령 둘 다 고령이시잖아요. 건강 상태 안 좋으시고. 그리고 또 어제 기자회견 내용은 정말 우려스럽지만 남은 1년 동안이라도 좀 제대로 하려면 여야를 아우르면서 정치를 해야 될 거 아니겠습니까? 그런 차원에서도 지금 두 분 대통령에 대해서 사면도 해야 된다고 보고, 아

울러 이재용 부회장 사면 얘기도 나왔습니다만, 지금 사실 20대 30대들이 분노하고 지난 보궐 선거 때 분노 투표를 한 이유가 정부에 대한 지난 4년에 대한 비판, 특히 공정성에 대한 분노 아니겠습니까? 사실 이 공정성 부분도 일자리 부분이 제일 크다고 생각을 하는데, 그 일자리 누가 만들겠습니까? 기업이 만드는 거 아니겠습니까? 그래서 지금 경제도 어려운 상황에서 좋은 일자리를 만드는 기업들을 위해서 우리 대통령이 이제라도 좀 신경을 써야 되고, 그런 상징적인 의미에서라도 사면을 하는 게 옳겠다고 생각합니다.

이봉규: 그런데 국민들의 입장에서 보면 그럼 야당은 뭐 했냐? 또 이렇게 나와요. 그러면 국민의힘은 수적 열세라서 어쩔 수 없다고 하는데, 법사 위원장 하나 못 지키고 공수처고 뭐고 다 내주고 상임위 다 내주고 그러면 대의 민주주의가 되는 거냐? 이렇게 국민들이 원망해요. 어떻게 생각하십니까?

권영세: 그 부분에 대해서는 사실 할 말이 없는데, 지금 숫자도 유래가 없었던 건 맞고요, 또 우리 같은 경우는 나름대로 국회의 관행이라든가 법규를 존중해 주고, 법사위원장도 다 주고 그랬잖아요. 그런데 지금의 여당은 정말 금

도를 모르는 여당입니다. 저희들이 할 말이 없는 부분은, 그렇다 하더라도 나름대로 좀 더 고민을 하고 머리를 써서 우리 당이 이 만큼 노력을 했는데도 못 막는구나, 하는 모습까지는 보여 줘야 되는데 그런 모습조차 보여 주지 못하는 부분은 우리 원내 지도부, 지난 1년 동안의 당지도부가 좀 잘못한 부분이 있다고 생각을 합니다. 저 같은 구성원들 모두가 반성을 해서 치열하게 해야 되겠죠.

이봉규: 그런데 아까 말씀하신 대로 대권에서 한 번 더 제2의 문재인이 집권하면 나라의 미래가 없잖아요. 그러니까 정권 교체를 해야 될 텐데 만약에 저쪽에서, 여기 나오신 정치인들한테 공히 질문하는 건데요, 만약에 저쪽에서 부정 선거를 시도한다면, 아무리 국민들이 응원을 해 줘도 소용없는 거 아니겠습니까? 그 점은 어떻게 생각하십니까?

권영세: 그래도 지난 4.15 총선은 저희들이, 그리고 바깥에서 강하게 문제 제기를 하시다 보니까 상당히 조심했고, 저희도 부정의 소지가 있는 부분을 철저히 해서 지난 4월 7일 보궐 선거는 제대로 됐다고 생각을 합니다. 그래서 대선 같은 경우는 CCTV라든가 이런 부분에서 부족한 부분을 입법을 통해서건 혹은 행정적인 지적을 통해서건 좀

더 완벽하게 가져갈 필요가 있다고 봅니다.

이봉규: 그래도 부정 선거 막는 데는 관심이 있으시군요. 진짜 사활을 걸고 해 주셔야 됩니다.

권영세: 그럼요. 제가 행정안정 위원회에서 중앙선거관리 위원회를 담당하고 있기 때문에 절대 그런 일이 생기지 않도록, 아무리 낮은 가능성이라도 충분히 대비를 하고 있습니다.

이봉규: 좀 안심이 되네요. 저희는요, 정상적인 선거만 하면 국민의힘의 어떤 후보가 나와도 된다고 봐요.

권영세: 이 대표님 말씀에 대부분 동의하지만 내년 선거에 누가 나와도 된다, 이거는 동의하지 않습니다.

이봉규: 그렇죠. 그건 제가 잘못했네. 누가 나갔으면 좋겠습니까?

권영세: 대표가 되어서 경선을 관리하겠다는 사람이 누가 좋겠다는 얘기하면 그렇게 뽑아주겠습니까? 하하.

이봉규: 그럼 최재형의 특징과 윤석열의 특징을 한마디로 평가해 주시면?

권영세: 최재형 감사원장은 굉장히 바른 선배입니다. 그러면서도 바름을 자랑하지 않고요. 윤석열 전 총장 같은 경우는 나름대로 정의감도 강하고, 자기 뚝심도 있고, 고집도 있

고, 배짱도 있고, 그런 부분들을 높이 평가할 만합니다.

이봉규: 바른 사나이 대 정의에 배짱 사나이. 덕목이 다르니까 평가를 하기가 좀 그렇죠. 대통령이라는 자리는 특수한 게 요구되잖아요. 제일 큰 덕목은 뭐라고 생각하십니까?

권영세: 제일 중요한 건 애국심. 파벌심이 아니라 애국심입니다. 문재인 대통령을 보면서 이분이 과연 애국심이 있나? 의문이 들어요. 이해찬 전 대표부터 시작해서 뭐 보수를 궤멸시키고 진보 좌파들이 계속…. 그거는 나라를 생각하는 게 아니라 파벌을 생각하는 거죠. 우선은 나라를 생각하고 나라의 미래를 생각하는 게 대통령의 제1 덕목이라고 생각합니다. 능력도 둘째입니다. YS께서 전에 얘기하셨듯이 머리는 빌릴 수 있지 않습니까? 그러니까 애국하는 마음이 있다면 다른 사람의 좋은 머리를 빌려서라도 나라 발전을 위할 텐데, 파벌만 생각한다면 아까도 말씀드렸듯이 좋은 정책 없이 좋은 선거 대책만 있는 거죠. 그런 면에서는 좀 진부한 대답 같습니다만 애국심이 대통령의 제1 덕목이라고 생각합니다.

이봉규: 그렇죠. 일반 국민들도 다 애국심이 있는데, 대통령의 덕목을 애국심으로 꼽는다는 게 참 슬픈 현실이네요.

권영세: 이번 4월 7일 보궐 선거만 보더라도 네거티브가 얼마나

심했습니까? 이번 대선은 더할 거라고 생각이 됩니다. 예를 들어서 후보가 한 명만 있고 나머지는 다 시들시들한 사람밖에 없다면 그런 네거티브 공격이 한 사람한테 집중될 거 아니겠습니까? 그런데 화살통 안에 화살이 여러 개 있으면 이 화살도 공격해야 되고 저 화살도 공격해야 되니까 나름대로 고민이 되겠지요.

이봉규: 오세훈 시장도 하나의 화살일 텐데, 오세훈 시장은 잘하고 있다고 보십니까?

권영세: 뭐 지금은 잘하고 있다고 생각이 됩니다. 우파에 계신 분들이 좀 못마땅하고 부족하다고 생각하실 수 있지만요.

이봉규: 급하잖아요. 1년짜리 시장인데 빨리빨리 할 거 해야 되는데 안 하시니까.

권영세: 그러니까 좀 답답한 부분도 있을 텐데, 오 시장이 현재 처해 있는 입장을 생각하면서 좀 이해를 해 주실 필요가 있다고 생각이 됩니다. 지금 102명 정도 되는 시의원 중에서 우리 당 시의원이 26명 정도밖에 안 되거든요. 그런 상황에서 지금 본인이 생각하는 걸 마음 놓고 집행하기가 좀 어렵기 때문에 그런 부분은 좀 기다려 주셔야 됩니다.

이봉규: 아니, 김어준이 저렇게 난동을 부리는데, 서울시 예산을

400억 가까이 교통방송에 쓴대요. 그 예산 감사라도 제대로 해야 할 거 아닙니까? 그거 시장이 충분히 할 수 있는 거 아니에요?

권영세: 지금 예산은 작년에 이미 다 배정이 됐겠지요.

이봉규: 그래도 감사는 할 수 있는 거 아닙니까?

권영세: 예산 감사는 시의회가 주로 하는 거지, 시장이 할 수 있는 게 아니거든요. 시장이 교통방송에 대해서 합법적으로 할 수 있는 조치에 대해서는 계속해서 검토하고, 나름대로 조금씩 하고 있는 걸로 제가 알고 있습니다. 만약에 사장을 마음대로 해임하고 압박해서 김어준을 나가게 했을 경우에는 저쪽에서 또 직권 남용이니 뭐니 해서 고소할 거 아니겠습니까?

이봉규: 고소가 두려워서 안 하면 안 되죠. 행정 명령을 내려서라도….

권영세: 그쪽에서 그런 얘기는 직권 남용이니까 따를 수 없다고 거부할 경우에는 오세훈 시장이 할 수 있는 조치가 없습니다. 오세훈 시장이 그나마 더 이상의 것을 막으면서 어떻게 해서든 빠른 시간 내에 교통방송 체제를 바꾸려고 노력하는 부분에 대해서 좀 기다려 주실 필요가 있는 겁니다.

이봉규:	어쨌든 방법은 마련하고 있다, 이런 말씀이시죠?

권영세:	예, 그런 걸로 알고 있습니다. 지난 작년 총선에서 우리가 조금이라도 의석이 더 많았다면 지금 우리가 한 번도 보지 못한 나라를 덜 봐도 될 뻔했는데, 하는 아쉬움이 있습니다. 그래도 오세훈 시장이 한 5년의 시장 경력이 있지 않습니까? 그래서 현명하게 대처할 걸로 생각합니다. 그렇게 잘 대처하다 보면 내년 지방 선거에서 또 오세훈 시장이 재선될 수 있고, 내년쯤에는 지방 의회 구성도 지금 같지는 않을 거 아니겠습니까? 그러면 그때 본격적으로 비정상의 정상화를 시킬 수가 있겠죠.

이봉규:	홍준표 전 대표가 오늘 페이스북에, 왜 윤석열은 애걸복걸하면서 데려가려고 하고, 왜 나는 복당 안 시키냐고 하셨던데, 그건 어떻게 생각하십니까?

권영세:	기자회견도 하셨던데 전 사실 계속해서 반대했었죠. 아직 좀 이르다고 했는데 이제 대선을 앞둔 상황에서 그분이 후보가 될지 말지는 국민들과 당원들이 판단하시게 하고 이제는 입당을 해야 될 때가 아닌가, 이렇게 생각을 합니다.

이봉규:	마지막으로 시청자 분들께 한 말씀 하시고 마치겠습니다.

권영세: 오늘 이런 좋은 기회에 제 말씀을 드릴 수 있게 만들어 주신 이 대표님께 감사드립니다. 우리 우파 시민들께서 지금 우리 국민의힘에 대해서 여러 가지 부족함과 불만, 그리고 또 어떤 면에서는 분노도 있으시리라 생각됩니다. 저희들이 더 심기일전하여 열심히 해서, 내년 대선에서 승리하는 대표, 승리를 만들어 내는 지도부를 구성하는 게 제일 중요합니다. 제가 앞장서서 우리 국민의힘 붙들어 내고, 내년 대선 승리 반드시 만들어 내도록 하겠습니다. 지켜봐 주시기 바라겠습니다. 감사합니다.

이봉규: 오늘 많은 말씀을 하셨는데, 그 말씀이 꼭 좀 지켜지는 모습을 기대하겠습니다.

권영세: 그렇게 하겠습니다.

이봉규: 고맙습니다.

'강아지 세 마리'의
의미는?

윤석열 총장이 재미있는 말을 했다. 그러나 한편으로는 의미심장하게 해석될 수 있는 말이다. 그는 무슨 일이든 다음 수, 그다음 수까지 보는 사람이기 때문이다.

"퇴임 후에 강아지 세 마리 보면서 지낼 것이다." 윤석열이 이 말을 한 것은 2021년 10월 29일 대전에서 몇몇 후배와 함께한 자리에서다. 대전을 방문한 윤석열 총장은 후배들과 함께 만남을 가졌다. 그 자리에서 퇴임 후에는 어차피 2년 동안 변호사 개업도 못하니 강아지 세 마리나 보면서 지낼 것이라는 식의 이야기를 던진 것이다.

그가 이 말을 한 날짜가 10월 29일이라는 것에 주목해야 한다. 일주일 전인 22-23일 이틀 동안 검찰청 국정감사가 있었다. 그리고 거기에서 윤석열 총장은 "우리 사회와 국민을 위해 어떻게 봉사할지 좀 천천히 생각해 보겠다"고 했다. 이 말을 두고 사람들은 정치 선언하는 거냐며 온갖 추측을 했다. 그 일이 있은 지 일주일 후에 윤석열은 대전에 가서 자신은 그저 강아지 세 마리나 키우면서 지낼 것이라고 말했다. 이건 고도의 알리바이다. 온갖 추측성 기사를 쏟아내는 언론에 자신의 뜻을 구구절절 설명하는 대신 도원결의할 핵심 측근들한테 슬며시 알리바이를 얘기한 것이다. '정치하겠다는 얘기 아니야. 알지? 자료 다 수집해 놨지? 너는 OOO 깊숙하게 파 봐. 너는 원전, 너는 부정선거…. 깊숙이 파고 동시에 여기저기 펀치로 보내는 거다. 우리가 접수하는 거야. 나라를 구하자. 자유민주주의 체제를 사수하자. 나는 목숨 걸었어. 퇴임 후 얼마 동안은 변호사도 못하잖아. 그냥 강아지 세 마리 보면서 지내지 뭐. 강아지 알지? 거기까지만 얘기할게.'

윤석열 총장은 비숑 2마리와 진돗개 1마리를 키운다고 한다. 이것에 대한 추측성 기사들이 쏟아지고 있다. 그러나 필자는 이렇게 추측한다. 윤석열 총장이 얘기한 것이 아닌, 필자 나름대로의 해석이다.

우선 윤석열 총장이 정상적으로 임기를 마치는 시점은 2021년 7월이다. 그리고 대통령 선거는 2022년 3월이다. 그야말로 대권 일정과 딱 맞아떨어지는 퇴임이다. 그런 사람이 변호사 할 생각을 하겠는가? 정상적인 퇴임 때까지 그는 무조건 총장으로 버텨야 한다. 각종 수사 정보를 자기가 관할할 수 있어야 한다. 퇴임 때까지 모든 걸 관할하면서 때로는 수사를 시키고, 때로는 압수수색하고, 때로는 보관해 두었다가 임기를 마치는 7월부터 본격적인 대선 경쟁으로 들어갈 것이다. 그때까지 총장으로 있으면서 전신을 무장하고 있다가 본선에 뛰어들 때 죽기 살기로 도원결의한 사람들과 함께하는 것이다.

또한 그가 키우는 강아지 중 비숑은 귀엽고 털이 포근한 전형적인 애완견이다. 그리고 진돗개 한 마리는 다리가 불편한 장애견이라고 한다. 그 강아지 세 마리는 이렇게 해석할 수 있다. 장애견인 진돗개는 문재인을 의미한다. 그리고 비숑 두 마리는 추미애와 이성윤이다. 반려견이 무엇인가? 내가 밥 주고, 내가 쓰다듬어 주고, 내가 예뻐해 주어야 하는 존재다. 그리고 주인에게 충성하는 존재다. 즉 윤석열은 그들을 자기 손아귀에서 관리하겠다는 것이다.

또 다른 의미는 다음과 같이 해석할 수 있다. 윤석열 총장이 바둑을 두는지는 모르겠다. 그러나 그는 바둑으로 말하면 이세돌처럼 다섯 수, 여섯 수까지 내다보는 사람이다. 씨름 선수였던 강호동도 샅바를 잡으면 여덟 수까지 내다보인다고 한다. 샅바를 잡으면서 느껴지는 상대의 힘과 그 힘의 이동을 보면서 상대의 움직임과 자신의 공격을 여덟 수까지 미리 내다본다는 것이다. 그런데 윤석열 총장은 삼국지, 손자병법을 통달한 사람이다. '강아지 세 마리' 발언은 그리 간단하지 않다. 그가 말한 2년 안에는 대권이 있다. 대권까지 그는 첫 번째로 언론을 비롯한 주변 환경을 만들 것이다. 두 번째는 수사 상황이다. 지금 그의 부하들이, 도원결의한 후배들이 어떻게 문 정권을 잡고 칠 것인지 뒤에서 수사하며 돌보고 있다. 세 번째는 본격적으로 대권가도를 가는 자기의 틀을 만드는 것이다. 독불장군으로 혼자 그 길을 갈 수는 없을 것이고, 그렇다고 국민의힘으로 들어갈 것 같지는 않다. 그렇다면 제3세력을 자기 앞으로 헤쳐 모이게 할 때 그 정치 세력이 신당이 됐든 뭐가 됐든 그것을 만들어서 돌볼 것이다. 이 세 가지를 다 강아지에 빗대어 말한 것이다. 대전에서 도원결의하며 그 말을 들은 사람들은 그 말이 무슨 뜻인지 잘 알 것이다. 이미 그들과 작전도 다 짜 놓았을 것이다.

필자의 추측이 맞을지, 그가 정말 고수일지 하수일지 궁금하다. 분명한 건 그는 이제 정치를 떠나지 못한다는 것이다. 국민들이 이렇게 밀어주는데 누구 마음대로 그만두는가? 정말로 애완견을 돌보기 위해 그만두겠다는 것인가? 천만에! 이제 칼을 뽑아서 자유민주주의 체제를 바로 세우지 않으면 당신이 당할 것이다. 관둘 수 없다. 이제는 가야 한다. 함께 가자!

흥행 요소
완벽한 드라마

경선 결과가 발표되기 전날 아침 홍준표 후보가 "어떤 결과든 수용한다, 대통령은 하늘 문이 열려야 된다. 내가 후보가 되면 다시 신발 끈을 조여 매고 정권 교체의 대장정에 나설 것이고, 반대의 결과가 나오면 하늘의 뜻으로 생각하고 경선 흥행의 성공 역할에 만족할 것이다. 당을 위한 내 역할은 거기까지다."라고 얘기했다.

사실 집계는 어젯밤에 끝났다. 주요 관계자들에게 결과가 통보되었으니 후보들도 당연히 어제 결과를 알았을 것이다. 어쨌거나 좋다. 아름다운 얘기다. 열심히 싸웠지만 졌다. 특히 당심에서 압도적인 차이로 진 것에 대해서는 할 말이 없는 거다.

그런데 지금부터 홍준표의 역할이 굉장히 중요하다. 이재명을 잡으려면 홍준표가 역할을 잘해 주어야 한다. 지난번에는 촛불 난동에 의한 좌파들의 정권 교체 열망이 높았고 우파는 방어를 못한 게임이었지만, 지금은 반대이다. 4년 반 동안 문재인 정권에 지친 국민들이 기존의 정치인은 안 된다, 검찰총장 출신으로 좌우 안 가리고 들이친 윤석열이 대통령이 되어 대장동 게이트와 탈원전 게이트 전부를 법대로 처단해야 한다며 그를 지지한다. 그래서 홍준표 후보도 결과를 깨끗이 수용한 것으로 보인다. 잘하셨다.

사실 이번 경선 흥행의 성공 역할은 홍준표 후보가 한 것이다. 홍준표 후보가 없었다면 경선이 싱거울 수 있었다. 처음부터 윤석열이 완승하는 게임과 토론을 누가 보겠는가? 그런데 홍준표가 치고 올라오는 여론조사, 파이팅 넘치는 토론 등이 효과를 발휘해서 상당 부분 흥행에 성공을 거두었다. 원희룡 후보도 일타 강사의 역할을 했고, 유승민도 악역을 잘해 주었다.

이제 본선이다. 아무리 독하고, 거짓말에 능하고, 임기응변에 능한 이재명도 지금까지와는 다를 것이다. 윤석열이 대선 후보로 결정되었으니 이제 검찰의 분위기, 법원의 분위기가 달라질 것이다. 그러다 보면 이재명이 마지막까지 완주하기 어려울 수도 있고, 민주당에서도 생각을 달리 할 것이다. 지금까지는 그래도 원 팀으로 가야 한다고 생각했겠지만 앞으로는 바뀔 것이다. 문재인 한테까지 수사의 칼을 들이대는 윤석열이 대통령 후보가 되었으니 이제 이재명이 언제 어떤 식으로 구속될지 불안할 것이다. '반전의 대안 카드를 마련해야 하나? 후보를 바꿔야 하나? 더 밀어붙여야 하나?' 고민하며 술렁대기 시작할 것이다.

두고 보자. 지금 그들은 바들바들 떨고 있다.

김부선의
애끓는 호소

〈오피스 누나 이야기〉가 연일 화제가 됐었다. 웹툰 소설인 〈오피스 누나 이야기〉를 가지고 이재명이 "오피스 누나, 이러니까 제목이 확 깨는데? 화끈한데?"라고 발언했기 때문이다. 야당에서는 대선 주자라는 사람이 공식 석상에서 그런 말을 하다니 인성이 나온다, 기본이 나온다며 비판하고, 평론가들도 비판하자 조금 전에 이재명이 그에 대한 반박을 했다. 자신은 오히려 선정성 문제를 제기한 것이라고 말이다. 그런데 〈오피스 누나 이야기〉는 선정적인 작품이 아니다. 로맨스 웹툰이다. 그래서 제작사에서도 발끈하여 선정성으로 오해하지 말라는 입장을 내놓았다. 그런데도 자신은 선정성 문제를 제기한 거라니, 선정물도 아닌데 무슨 선정성 문제를 제기하는가?

이렇게 문제가 생기자 김부선 씨가 한마디 했다. 페이스북에 '음란마귀, 옥수동 누나는 잊었어?'라고 글을 올린 것이다. 이어서 김부선 씨는 '한때는 옥수동 누나와 은밀했던 사이인데 가슴 아프다. 아, 비록 총각이라고 사기 치기는 했지만 미운 정도 정이다.

점점 그이가 안타깝다. 여성들이여 깨어나라, 일어나라. 이재명, 닥치고 특검.'이라고 글을 썼다.

여기에 그친 게 아니다. 윤석열 후보가 페이스북에 다음과 같은 글을 올렸다. '이제는 그분 차례입니다. 그분 누구인지 아시죠? 이재명 얘기하는 거예요. 김만배, 대장동 게이트의 두 공범이 구속되었습니다. 이제는 그분 차례입니다. 김만배는 그분의 지침에 따라 한 것이라면서 본인에게 배임 행위가 적용된다면 이재명 후보에게도 배임이 적용될 수밖에 없다는 취지의 발언을 했습니다. 상식적으로 당연한 말입니다. 지침에 따라 일한 사람에게 죄가 있다면 그 지침을 만들고 내린 사람에게도 당연히 죄가 있는 것이지요. 이제 검찰 수사는 당연히 이재명 후보에게 향해야 합니다.' 그러자 그 밑에 김부선 씨가 댓글을 달며 '후보님, 죄는 미워도 사람은 미워하지 말라잖아요. 살살 다뤄 주세요. 가슴이 아픕니다. 전 남친이 곧 구속되는 뉴스를 봐야 하는 가혹한 현실, 아 고통입니다.'라고 했다.

김부선 씨 정말 대단하다. 평론을 하셔도 되겠다. 이재명 잡을 사람은 윤석열도 아니고 홍준표도 아니고 김부선 씨와 감옥에 있는 박철민이다. 윤석열 후보와 김부선 씨가 한번 만나는 건 어떨까? 그럼 이재명 공격 포인트를 잡을 수 있을 텐데. 아니면 김부선 씨를 야당 대선 캠프의 부본부장으로 영입하는 건 어떨까? 그만

한 참모가 없을 텐데 말이다. 선거대책 본부장에 여배우 김부선 등장, 그리고 옥중 대변인 박철민 등장! 둘을 주목해야 한다. 이제 이재명은 끝났다!

다음은 전여옥 전 국회의원과의 대담이다. (2021년 11월 4일)

이봉규: 전여옥 전 의원이십니다.

전여옥: 이봉규 박사십니다.

이봉규: 2시 40분쯤 발표하나요? 1등은 누구고, 2등은 누구고, 퍼센트, 종합 집계….

전여옥: 네, 발표합니다.

이봉규: 아, 살 떨리네. 어떻게 예상하십니까?

전여옥: 저는 윤석열 후보가 너끈하게 이길 거라고 생각해 왔어요. 당 분위기도 그렇고, 어제 여론 조사 나온 거, 당협 분위기, 이런 거 보면, 사실 제 주변에 있는 분들이 어떤 특정인을 좋아하는 게 아니에요. 윤석열이나 홍준표나 원희룡, 유승민을 좋아하는 게 아니라 오로지 다 정권 교체예요.

이봉규: 정권 교체, 그건 뭐 압도적이죠.

전여옥: 그런 분들이 다 윤석열을 지지하고 있더라고요. 사실 뭐

윤석열 후보가 우리가 다 예뻐서 지지하는 게 아니죠.

이봉규: 그럼요. 거기도 뭐 흠 많지.

전여옥: 그렇죠. 그런데 정권 교체를 하기에 가장 최적화된 인물이다. 그거 하나죠. 박사님도 특별히 그 사람이 예쁘시지 않잖아요.

이봉규: 늘 얘기하지만 부정 선거에 대해서 적극적으로 안 나서는 거 불만이고, 박근혜 정부에 대해서 무리한 수사한 거, 두 개 빼고는 잘하고 있다고 봅니다.

전여옥: 저는 좀 아쉬운 게 대북 공약에 있어서 남북 연락 사무소를 다시 한다고 한 거라든지 북한이 이제 비핵화를 목표로 하지만 그게 아니더라도 북한하고 일단 대화를 해 보겠다는 거. 물론 북한이라는 시한폭탄, 핵무기를 갖고 있는 인질범을 상대해야죠. 그렇기는 한데 저는 좀 더 확고한 대북 정책이 아쉽더라고요. 그럼에도 불구하고 윤석열이라는 후보가 그동안에 우리들이 정말 울분이 쌓였던 문재인 정권에 대해서 살아있는 권력과 대결을 하면서 우리들에게 희망을 줬다는 점에서 확장력이 확실히 있지 않나 이렇게 생각했어요.

이봉규: 그럼요. 대통령이라는 자리는 하늘이 내린다고 그러잖아요. 그 뜻은 이런 것 같아요. 땅에서의 기운이 하늘로

올라가고, 민심이 곧 천심이 돼서 그 시대가 원하는 시대적 소명이 있는 사람. 그러니까 지금의 시대는 문재인의 법칙 파괴, 이걸 되돌려놓는 게 가장 큰 시대적 소명이잖아요. 그런데 거기에 맞는 사람이 윤석열이다. 그런 걸로 해석되는 거죠.

전여옥: 그렇죠. 저도 정치를 해 봤습니다만 정치인들은 사람들이 누구를 원하는가에 늘 촉각을 세우기 때문에 국민들의 환호와 열화와 같은 지지를 받는 후보한테 줄을 서는 거예요. 그래서 지금 당협 290개 중에서 260개의 당 의협이 윤석열 후보를 좇았다는 건 그 국회의원들이나 당협 위원장이 민심을 쫓아간다는 겁니다. 그러니까 대통령 후보가 되는 사람은 어떤 시대적인 맞닥뜨림이나 매칭이 있어야 되는 거죠.

이봉규: 그럼요. 역대 대통령들이 다 그래 왔어요. 그런데 하나 우려되는 게, 여론조사 50, 당원 투표 50인데, 여론조사 50도 저는 믿을 수 없고 당원 투표도 전 못 믿어요. 왜냐하면 한 달 치 당비만 내면 투표권을 주니까 민주당에서 윤석열 말고 딴 사람을 뽑기 위해 들어온 사람들이 있을 거 아닙니까? 그건 대세에 지장 없을까요?

전여옥: 저는 지장 없다고 봐요. 왜 그러냐면 그동안에 물론 이

준석을 보고 들어간 당원들도 있겠지만 윤석열의 입당과 더불어서 그때 많은 분들이 입당을 했고, 또 이봉규 박사님이나 제 주위에 있는 분들도 일부러 기를 쓰고 입당한 사람들이 있어요. 그때 첫날 투표율이 어마무시하게 나오지 않았습니까? 그걸 각각의 진영에서는 자기들에게 유리한 쪽으로 얘기하는 것 같아요. 그러니까 전자 투표, 말하자면 모바일 투표에 익숙한 20대 남자들, 이준석이 데리고 온 20대 당원들이 투표를 많이 해서 그럴 거다. 그리고 또 한편으로는 일찌감치 윤석열로 정한 사람들이 오자마자 기다렸다가 기를 쓰고 투표했다는 거죠. 그런데 저는 윤석열 쪽이 훨씬 많다고 생각해요. 왜 그러냐면 숫자상으로도 20대 당원이 워낙 적었기 때문에 2퍼센트가 굉장히 올라간 것처럼 보이는 거지, 오히려 50대 이상의 당원들이 훨씬 늘었다는 거 아닙니까? 그리고 당원 분포를 보면 20, 30, 40대가 35퍼센트밖에 안 돼요. 그러면 60퍼센트 정도 되는 50, 60, 70대가 정말 이 나라에 대한 엄청난 애국심으로 기를 쓰고 투표하지 않았겠나 싶은 거죠. 그렇기 때문에 모바일 투표가 유리한 20대 30대가 했다, 저는 그거 아니라고 봐요.

이봉규: 예, 지켜보고요. 지금 전여옥 의원은 윤석열이 낙승할 것

이다 보는데, 예측대로 낙승한다면 홍준표 쪽에서 원팀으로 흔쾌히 들어올까요?

전여옥: 저는 들어올 거라고 봅니다. 제가 알았던 홍준표 후보는 그래도 나라를 사랑하고 정권 교체를 바라는 분이기 때문에 들어올 거라고 보고요, 일단 홍준표 후보가 당협 위원장을 맡았잖아요. 그러면 원팀인 거죠 뭐. 그래서 저는 원팀이 충분히 된다. 그리고 홍준표 후보도 승복한다고 얘기를 했고, 윤석열 후보는 승복뿐이겠느냐, 정권 교체를 위해서 모든 걸 다 하겠다. 이렇게 얘기를 했기 때문에 너무 걱정 안 하셔도 되겠습니다.

이봉규: 그럼 만약 윤석열 후보가 이런 국민적 열망에도 불구하고 예를 들어서 여론조사의 어떤 미스터리한 조작에 의해서 아슬아슬하게 졌다. 그러면 원팀으로 홍준표 후보에게 들어갈까요?

전여옥: 들어가야죠. 아니면 경선에 왜 나왔어요? 들어가야 됩니다. 들어갈 겁니다.

이봉규: 그러면 또 문제가 제3지대에요. 안철수가 심상치 않아요. 완주하겠다, 이런 얘기도 하고, 이준석은 또 계속 안철수를….

전여옥: 이준석이 안철수를 계속 자극하는 거예요. 제가 그저께

안철수 후보 압박면접에 나갔어요. 그래서 장시간 얘기 하면서 '놈놈놈' 이런 얘기를 했는데, 본인이 "저는 좋은 놈이죠?" 그래서 제가 그 자리에서 "착한 놈이에요." 그랬 어요. 완주와 정권 교체 중에서 고르라면 뭘 고르겠냐고 물었더니 정권 교체를 골랐어요. 너무 걱정 안 해도 나중 에 단일화가 잘 될 거예요. 안철수 후보에 대해서 국민의 힘이 고마워해야 되는 거죠.

이봉규: 당연하죠. 안철수 후보에 대해서 응원하고 격려하고 그 래야 안철수 입장과 안철수를 따르는 지지자들이 나중 에 쿨하게 단일화에 응하지.

전여옥: 그리고 안철수 후보 지지자들에게 제가 왜 지지하냐고 여쭈어보니까 "그 사람은 거짓말을 안 할 거 같아. 그 사 람은 정치 안 해도 되는데 이 고생을 하고 있잖아. 좀 더 나은 세상을 위해서." 그러세요. 굉장히 고상하고 높은 가치로 안철수를 지지하는 탄탄한 팬덤이 있어요. 잘 대 접해 줘야 됩니다. 지금 이준석처럼 하다가는….

이봉규: 이준석은 자기가 당 대표인데 왜 그러는 거죠? 그 정도 감각이 없는 친구는 아니거든요.

전여옥: 자기 욕심이 있으면 감각이고 뭐고 다 사라져요. 지금 종 로 나가고 싶잖아요. 그런데 안철수를 모셔 오면 종로라

든가 국무총리라든가 모종의 거래를 해야 되니까. 자기
가 종로 나가고 싶어서 그런 거 같아요.

이봉규: 그래서 지금부터 갈라치기 하는 거구나. 소탐대실이라
고 자기 욕심 때문에 당과 나라를 그르치면 안 되는데….
누가 올라가든 앞으로 이준석 리스크가 관건이에요. 지
금 봐서는 윤석열일 가능성이 커 보이지만 홍준표가 올
라가든, 윤석열이 올라가든 이준석 리스크를 빨리 잡지
않으면 나중에 진짜 결선이 문제 아니에요? 이재명을 잡
아야 되는데. 그러려면 안철수와 단일화가 잘 되어야죠.
안철수뿐만 아니라 국민혁명당도 잘 품어야 되고요. 아
스팔트에서 고생 많이 하셨거든요. 이준석 리스크를 잘
극복하기 바랍니다. 내일 개봉박두 기대!

102세 철학자
김형석 교수가 그에게 왔다.

102세 철학자 김형석 교수가 엄청난 목소리를 냈다. 지금까지 노 철학자로서, 국가의 어른으로서 나라의 상황을 안타까워하며 종종 말씀하신 것이 화제가 되곤 했는데, 당시 올라온 조선일보와의 인터뷰는 국민들에게 더욱 큰 반향을 일으킬 것 같다. 과거에는 큰 정치인들이 한마디 하면 국민들이 반응을 보였지만 지금은 정치인들의 말에 국민들이 움직이지를 않는다. 그러나 김형석 교수의 말씀은 큰 파장을 낳을 것 같다. 문재인을 향해 엄청난 얘기를 하셨다. 조목조목 안보, 경제, 철학까지 전부 일갈하시며, 자신은 일제 강점기 때 태어나고 공산 치하에서 살아봤고, 군사 독재도 겪어 보아서 민주주의가 얼마나 소중한지, 나라가 얼마나 소중한지 몸으로 안다, 그런데 지금 60-70년간 쌓아 놓은 이 나라를, 우리 국민들이 쌓아 놓은 나라를 문재인이 다 망치고 있다, 이런 이야기를 하셨다. 그러면서 나라에 대한 비통한 마음을 버릴 수 없어서 고언을 하신다고 말씀한다. 언론통제법은 말이 언론법이지 국가가 언론과 시장의 자율성을 통제하는 악법이라고 단정하신다. 과거로 가고 있다, 중국과 비슷해질 것이다, 문재인 보호법이다, 라고 단정하셨다. 대단하시다.

특별히 주목할 점은 윤석열에 대한 기자의 질문에 윤석열을 대통령 후보로 꼽는 것처럼 말씀하신 것이다. "지금 이 나라를 통치하는 사람들이 운동권 출신과 법률가들인데, 그들이 잘못된 방향으로 가고 있어서, 그런 정권에서 탄압을 받았기 때문에 윤석열이 정치를 하는 거지 그 사람은 정치를 해서는 안 될 사람이다. 어쩔수 없이 정치를 하지만 잘할 사람이다."라는 말씀으로 윤석열에게 힘을 실어 주셨다. 그리고 야당에 대해서는 "무력하다. 역사의 부끄러운 한 페이지를 만들고 있다. 만약 내 동생이나 아들이 이런 법을 만든다면 꾸짖을 텐데 야당이 여당과 절충하는 것도 민주주의가 뭔지 모르는 행동이다."라고 아프게 꾸짖으셨다. 그러면 무력하게 바라만 보고 있어야 되느냐는 기자의 질문에는 "결국 국민들이 애국심으로 깨어날 것이다. 아닌 것은 아무리 분칠을 한들 아닌 것이다."라고 예단을 하셨다.

엄청난 촌철살인이다, 강렬하다. 한평생을 살아오면서 이 나라에 마지막 유산을 남겨 주시려는 마음으로 하신 말씀이다. 후손들에게, 자식과 손자들에게, 아름다운 국민들에게, 자기 제자들에게, 그 제자의 제자들에게….

김형석 교수의 말씀은 항거하는 말과 꾸짖음으로 문재인 정권을 비판하면서, 국민들이 통렬히 일어나서 심판하라는 의미로 들린다. 그리고 윤석열에게는 대통령이 되어서 이 나라를 바로 세우라는 무거운 질책으로, 무거운 숙제로 들린다. 그것이 자신이 남겨 줄 수 있는 유산이라고 생각한 듯 작심하고 쏟아내셨다. 아울러 김형석 교수는 국민이 일어나야 된다는 것을 강조하신다. "국민이 알 것이라고 생각한다. 나처럼 나라 없이 살던 사람들은 태어날 때부터 나라가 있던 사람들과는 다른 애국심이 있다. 우리는 전쟁 후 폐허에서 대한민국을 건설했다. 유래 없는 압축 성장을 경험한 한국인에게는 그만 한 안목과 저력이 있다." 김형석 교수의 말씀을 여기에 다 옮기기는 어렵다. 다만 총체적인 뉘앙스로, 일부는 김형석 교수가 말씀하신 그대로 전달한다.

국민들이 일어나야 하겠다. 김형석 교수 같은 선배들이 어떻게 세우고 건던 나라인가? 나라를 바로 세우지 못한 책임에 대해서는 문재인뿐만 아니라 그와 함께한 사람들, 국민의힘까지 오롯이 심판받아야 한다. 윤석열도 무거운 책임감을 가져야 한다. 이제는 물러설 수 없다. 물러서면 죽는 것이다. 백선엽 장군이 다부동 전투에서 "내가 여기서 한 발짝이라도 물러나면 내 몸에 총을 쏴라."라고 부하들한테 명령했지 않은가? 당신도 그래야 한다. 나라를 바로 살리지 않으면 당신이 그 책임을 오롯이 지게 될 것이다. 각오하고 목숨을 걸고 싸워 주시라. 제대로 싸워 주시라.

대권 사냥

윤석열 총장이 대선 출마 선언을 하자마자 발 빠르게 움직이기 시작했다. 지금까지도 누굴 만나서 공부한다, 누구와 회동을 가졌다는 이야기가 있었지만 이제부터는 본격적으로 정치권 사람들을 만나고 있는 듯하다. 그 포석이 대단하다. 누군가 책사가 옆에 있는 것 같다. 물론 윤석열 총장 자체가 전략과 전술에 능한 사람이지만, 스케줄 잡는 것을 보니 옆에 제대로 관리하는 이른바 '선수'가 붙은 것 같다.

우선 외가인 강릉과 본가인 충청도 공주에 연달아 포석을 둔다. 공주 본가에서 정진석 의원을 만나고, 그다음에 외가인 강원도 강릉에서 권성동 의원을 만났다. 그 전에는 경제학자들과 젊은 디지털 경제학자 등을 만나며 외교 안보 등을 공부해 왔다. 이제 정치권을 두드린다.

윤석열을 만난 권성동은 윤석열의 대권 의지가 확실하다고 표현했다. 사실 누가 봐도 대권 의지가 확실하지만 그 말을 국민의힘 중진들의 입에서 나오게 만든다. 전당대회를 며칠 안 남기고 분위기를 몰아가는 것이다. 이렇게 되면 은연중에 전당대회에 개입하는 것이다. '내가 이렇게 국민의힘 관계자들을 만나고 있으니 내가 들어갈 판을 만들어 주시오.' 이런 메시지다. 이준석이 어떻고 나경원이 어떻다는 식의 아무 얘기 없이 포석을 두면서 내 말을 몰아가는 것이다. 무서운 사람이다. 권성동이 자꾸만 국민의힘에 들어오기 바라는 희망을 전달하고, 기자들도 7월 초에 국민의힘으로 들어간다는 기사를 쏟아내지만 윤석열 총장 입으로는 직접 얘기하지 않는다. 분위기를 유도할 뿐이다. 노련하다.

이제 당원들이 판단을 해야 한다. 이렇게 되면 6월 11일 전당대회 후에 바로 국민의힘에 합류할 수도 있겠다. 물론 전당대회를 보며 자신이 들어가면 안 되겠다고 판단될 땐 과감히 접을 수도 있을 것이다. 국민의힘으로 들어갈 것인지 말 것인지 포석을 깔면서 몰아가는 모습이 꼭 토끼를 모는 것 같다.

정치학에 '사슴 사냥'이라는 이론이 있다. 예를 들어 마을에서 열 명이 사슴을 잡으려고 함께 포위해서 몰고 가다가 한 명이 근처에서 토끼를 발견하고 대열을 이탈하는 경우가 있다. 사슴을 잡으면 1/n로 나눠 가져야 하는데 대열을 이탈하여 토끼를 잡으면 자신이 그 토끼 전부를 가질 수 있기 때문이다. 그렇게 해서 그 사람은 토끼를 잡고 나머지 아홉 명은 사슴을 놓친다. 그 순간에는 토끼를 잡은 사람이 이익이다. 그러나 다음번 사냥을 나갈 때에는 사람들이 그 사람을 빼 놓고 간다. 그 사람 때문에 또 사슴을 놓칠 수 있기 때문이다. 결국 그 사람은 장기적으로 볼 때 손해다.

여기서 사슴은 대권에 비유할 수 있다. 대권을 잡으려면 국민의 힘과 협력할 수도 있고 안철수와 협력할 수도 있고 전광훈 목사를 위시로 하는 재야 세력과 협력할 수도 있다. 그들과 함께 문재인 정권의 사슴을 사냥해야 되는데 그들의 이탈 방지를 위해 윤석열을 리더로 포섭하는 것이 아닌가 생각된다. 윤석열도 이제 권성동도 만나고 정진석도 만나며 본격적으로 사슴 사냥에 나섰다. 여기서 누가 이탈할 것이냐도 하나의 관전 포인트가 되겠다. 흥미진진해진다.

4장_복병이 나타났다

안철수

12월 말, 이재명 후보의 지지율은 35.4%, 윤석열 후보는 33.3% 로 이재명 후보가 조금 앞서며 접전을 벌이고 있다. 이런 상황에 대해 국민의힘 이준석 대표는 답답한 심정이라고 밝혔다. 이준석 대표는 12월 17일 SBS 라디오 '김태현의 정치쇼'와의 인터뷰에서 지금의 상황을 "원래 연말연시에는 여론 조사의 정확도가 상당히 떨어지기 때문에 이번 주까지만 하고 정례 조사를 안 할 때가 있었다. 우리에게 전략이 없었던 것은 아니지만 아직 전략대로 잘 수행하지 못하고 있다. 지난 서울시장 보궐선거 이후 6개월 이상 보수 진영이 오만했던 것은 사실이다"라고 분석했다. 그러나 오만했던 것은 보수 진영이라기보다는 이준석 대표와 국민의힘이었을 것이다. 이런 식의 분석은 선거에 졌을 때 포석을 깔아두는 것일 뿐이며, 이런 화법 또한 현 정권과 다를 바가 없다.

이제껏 보수 진영에서는 대권을 잡게 되면 여소야대의 국정으로 흘러갈 것을 경고했다. 여당에서 부산시장과 서울시장 자리를 내주고 대권을 잡을 것이라고 내다보고 걱정하고 있었는데, 국민의힘에서는 이에 대한 조치가 전혀 없었다. 이런 상황에서 당의 중진인 홍준표는 "나쁜 놈들 전성시대"라고 통칭하며 이재명과 윤석열 후보를 모두 비난한다. 이는 자신이 몸담은 당이 내세운 후보를 비난하는 셈이므로 옳지 않다. 힘을 실어주어도 모자랄 판에, 당의 중진으로서 당 대표를 무시하고 당이 내세운 후보를 비난하는 것은 보수 진영에 도움이 되지 않는다.

이재명 후보에 비해 윤석열 후보의 비리는 정확히 밝혀진 것이 없는데, 국민의힘과 이준석 대표는 이런 상황을 잘 이용하지 못하고 흘려보내고 있다. 이 와중에 덕을 보는 것은 안철수 후보다. 최근 안철수 후보의 딸이 부각되고 있는데, 그녀가 속한 연구팀이 오미크론에 관해 연구한 결과가 〈뉴욕타임스〉에 실린 것이다. 이런 면은 이재명 후보와 비교가 되고, 더욱 지지율이 오를 것이다. 게다가 안철수 후보는 큰 비리가 없이 반듯한 이미지라서 지지율이 올라갈 가능성이 높다. 그동안 안철수 후보를 두고 이 대표와 김종인이 비난해왔는데, 이것이 리스크로 작용할 수도 있다. 나중에 야권 후보 단일화에 걸림돌이 될 수 있기 때문이다.

합치나?

2021년 7월 7일, 윤석열 전 검찰총장은 국민의당 안철수 대표와 서울시 종로구에서 오찬 회동을 하기로 하였다. 그동안 윤석열 전 검찰총장은 원희룡 제주지사, 권영세 의원 등 국민의힘 인사들과 회동했는데, 범야권 주자인 안철수 대표와도 만나기로 한 것이다.

이런 상황에 급해진 것은 국민의힘이다. 국민의힘에서는 남은 시간이 촉박한 만큼 새로이 당을 만들 수 없으므로 윤석열 전 검찰총장이 국민의힘을 선택할 수밖에 없을 것이라고 안이하게 생각했다. 그러나 그동안 회동해온 다른 정치권 인사들과 달리, 안철수 대표는 정당을 두고 있다. 물론 안철수의 국민의당이 국민의힘보다는 아직 세력이 미약하지만, 윤석열 전 검찰총장이 합류하게 되면 일거에 그 세를 불릴 것이다. 후원자들뿐만 아니라 국민의힘에 속한 국회의원들도 국민의당으로 합류하면, 국민의힘은 그 세력이 미약해지면서 여러 야권 세력들과 통합하면서 여러 가지 문제를 겪게 될 것이다.

한편 안철수 대표는 이번 대선을 내주더라도 다음을 노릴 수 있기에, 윤석열 전 검찰총장과 손잡는 것도 나쁘지 않다. 다만 윤석열 전 검찰총장이 처음부터 안철수 대표와 만나는 것은 부담이 된다. 국민의힘에서도 제지하려 들 것이다.

많은 국민이 정권을 바꿔야 한다는 생각에 국민의힘을 지지하지만, 그동안 국민의힘이 해놓은 것이 없어서 할 수 없이 지지하는 경우가 많다. 이런 상황에 안철수 대표와 윤석열 전 검찰총장이 손을 잡고 우파 정당으로서 뿌리를 다지면 분명히 대선은 보수 진영의 승리로 돌아갈 것이다. 이다음에 최재형 전 감사원장과 회동한다면 이것이 화룡점정이 되리라고 필자가 조심스레 전망했었지만 정치력이 부족하고 자금과 조직이 필요하다고 판단한 윤석열과 최재형이 급히 국민의 힘의 가두리 어장에 들어가고 말았다.

그러므로 윤석열 전 검찰총장은 안철수 대표와 최재형 전 감사원장과 삼두마차가 되어 재야 세력을 끌어안아야 한다. 검찰과 감사원이라는 대표적인 사정 기관의 장을 역임한 두 사람이 하나의 세력이 되면, 부정선거도 불가능하고 그동안 비리를 저질러온 검은 세력들도 견제할 수 있다. 그렇게 되면 모든 세력을 하나로 아우를 것이라고 기대해본다.

윤석열과 안철수, 문과 이과의 결합

　윤석열 후보가 당 경선에서 홍준표 전 대표를 누르고 후보로 확정되면서, 많은 여론 조사에서 이재명 후보와 현격한 차이를 보이며 지지율이 오르고 있다. 대장동 사건에 대한 특검을 요구하는 국민들의 목소리도 높고 지지율도 15% 이상 차이가 나기 때문에, 상황은 윤석열 후보에게 유리하게 흐르고 있다. 그런데 홍준표 전 대표와 이준석 대표, 김종인 박사가 윤석열 후보에게 보이는 언행이 심상치 않다. 정권 교체를 원하는 국민들과 당원들로서는 납득하기 어려운 상황이다.

　민주당으로서는 대선에서 유리하게 작용할 만한 동력이 없다. 현재 대선판을 규정하는 것은 윤석열 후보가 아니라 이재명 후보와 문재인 대통령이다. 그래서 이 선거가 비전과 정책이 중요한 것이 아니라 부패와의 전쟁이 된 셈이다. 이런 상황에서 민주당이 선택할 수 있는 방안이 있다면 후보 교체 정도일 것이다. 이는 야권에 있어서는 정권을 교체할 수 있는 절호의 기회다. 이런 상황에서 당내 불화가 일어나고 있다.

그렇다고 해서 홍준표 전 대표가 윤석열 후보를 지지하지 않는다고 하여 홍준표 전 대표를 지지하던 세력이 모두 이재명 후보로 기우는 것은 아니다. 마찬가지로 이준석 대표가 지지하지 않는다고 해서 20~30대 표가 모두 이탈할 것도 아니다. 또한 김종인 박사가 지지하지 않는다고 해서 중도 세력이 모두 다른 곳으로 향하지는 않을 것이다. 다시 말해, 그들이 돕지 않는다고 해서 대세가 바뀌지는 않을 것이라는 말이다.

경선에서 진 홍준표 전 대표의 행동은 어쩌면 고집을 부리는 것처럼 보인다. 그는 '지면 감옥 갈 비리 대선'이라며 윤석열 후보를 만나지 않겠다고 입장을 밝혔다. 이로 인해 사실상 선거대책위원회를 한 팀으로 꾸리기는 불가능해졌다. 한편 이준석 대표도 윤석열 후보를 앞으로 세우고 뒤로 물러나야 할 시기에 전면에 나서려 한다. 이는 큰 착각이다. 또한 김종인 박사는 선거대책위원장으로서 전권을 요구하고 있는데, 전권은 후보에게 주어지지 위원장이 가질 것이 아니다. 위원장이 전권을 가지면 후보를 좌지우지하게 될 것이다.

이런 식의 갈등은 예전에도 있었다. 그러나 그때와 지금은 상황이 매우 다르다. 현 정세가 국민의힘에 매우 유리하므로, 선거대책위원회가 굳이 필요 없다. 코로나로 인해 비대면 시대가 되면서 오프라인에서 하는 선거운동이 불가능하고, 개인 방송이 일반화

되어 언제, 어디서나 원하는 방송을 실시간으로 볼 수 있다. 이런 상황인 만큼 조직으로서 할 일이 없다. 말하자면 실무를 도울 소수의 윤석열 캠프만 있으면 된다.

여기서 제일 큰 문제는 야권 통합이다. 현재로서는 윤석열 후보가 이재명 후보를 크게 앞지르고 있지만, 언제든 지지율은 움직일 수 있다. 그러므로 야권 통합은 하지 않을 수 없다. 이 과정에서 소위 '거간꾼'이 당과 당 사이를 오가며 다리를 놓아야 하는데, 당대표가 나서서 이런 거간꾼들을 '일벌백계'하겠다고 말하는 것은 도움이 되지 않는다. 그리고 김종인 박사는 선거대책위원장으로서 전권을 요구할 것이 아니라 후보와 실무자에게 대부분을 위임하고 굵직한 사안에 대해서만 자문을 제공하거나 결정을 돕는 역할로 물러나야 한다.

당헌 제74조 '후보자의 지위'에는, "대통령 후보자는 선출된 날로부터 대통령 선거일까지 선거 업무의 효율적 추진을 위하여 필요한 범위 내에서 당무 전반에 대한 모든 권한을 우선하여 가진다"라고 명시되어 있다. 그런데 당내에서 이런 후보의 권한을 침해하고 공천 후보를 결정하는 등 대통령 후보에게 힘을 실어주지 않고 있다. 그렇기에 현재 윤석열 후보가 지고 있는 리스크는 외부적인 것이 아니라 홍준표 리스크, 이준석 리스크, 김종인 리스크인 것이다. 그렇다고 해서 윤석열 후보가 '압도적인 지지'를 원하여 이런 상황을 용인하는 것은 아니다. 그들을 내치면 쉽게 갈 수 있겠지만 그것은 차선이다. 최선은 이들 모두를 포용하고 그들의 생각을 바꾸는 것이다.

계속해서 이준석 대표와 김종인 박사는 안철수 대표에 대해 유감을 표시하고 있다. 안철수 대표를 영입하지 않아도 10% 이상의 격차로 대선에서 승리할 것이고, 이번 기회에 안철수 대표를 무너뜨리는 것이 좋다고 생각하기 때문이다. 그러나 10% 이상의 격차로 이긴다고 누가 보장할 수 있는가. 또한 야권 단일화 과정을 통해 국민을 통합해야 하고, 야권 단일화가 되어야 의원석 수를 많이 가지고 있는 민주당에 대응할 수 있다. 이렇게 모든 이를 포용하고 통합하고 끌어들이는 과정을 통해 윤석열 후보는 포용력과 정치력을 보여줄 수 있다.

안철수 대표와 손을 잡아야 하는 이유는 너무도 명확하지만, 가장 중요한 점은 문과와 이과의 통합이라는 것이다. 윤석열 후보는 이과적인 지식과 사고방식이 부족하다. 안철수 대표는 그런 면에서 대체 불가능한 인물이라고도 할 수 있다. 직접 창업해서 신화를 일궈냈고, 첨단 과학기술을 알고 있으며, 10년 넘게 낙선의 고배를 맛보며 정치를 배웠기 때문이다.

안철수 '오징어 게임', 누가 허성태?

동아일보의 '김순덕 칼럼'은 "文-李의 오징어게임"이라는 글에서 전두환과 노태우를 예를 들면서 문재인 대통령과 이재명 후보 사이에 "깐부는 없다"고 평했다. 전두환은 노태우에게 권력을 이양하면서 퇴임 후 무탈하길 바랐지만, 노태우가 5공 청산을 들고 나오면서 전두환은 전 재산을 환원하고 백담사에 머물러야 했다. 사이가 돈독했던 두 사람도 그런 과정을 겪었던 만큼, 문재인 대통령과 이재명 후보가 의리를 지킬 수 있을지는 미지수다.

현재 이재명 후보는 대장동 사건으로 어려움을 겪고 있는 만큼, 문재인 대통령이 살길이 있다면 특검을 하는 것이다. 그러나 문재인은 이 찬스를 놓치고 말았다. 물론 이로 인해 이재명 후보 측에서 원성을 사고 정권은 잃겠지만, 정권 교체를 원하는 국민들에게는 환호받을 것이기 때문이다. 노태우가 5공 청산을 통해 청문회를 열고 전두환을 단죄하였고, 그 후 추징금을 성실히 납부하면서 광주 시민들에게서 어느 정도 용서받았던 것과 마찬가지다. 만약 문재인 대통령이 특검을 하지 않고 이재명 후보를 밀어준다고 해도, 이재명 후보가 당선된 후에 문재인 대통령을 비호할 리 없다.

현 상황에서 국민의힘은 무엇보다도 제3지대와 좋은 협력 관계를 맺어야 한다. 그래야 내부에서 표를 갉아먹어 여권에 대권을 넘겨주는 결과가 나오지 않는다. 그러려면 안철수 대표를 포섭해야 한다.

이준석·유승민 리더십에서 벗어나 윤석열 리더십 확립

'윤석열·안철수 뭉치면 살고 흩어지면 죽는다'라는 제목의 류근일 칼럼에서는 "2022년 대선은 자유민주주의와 전체주의의 싸움, 공정·상식과 '대장동'의 싸움, '내 집 마련할 수 있다'와 '할 수 없다'의 싸움, '식당을 마음대로 열 수 있다'와 '마음대로 열지 못한다'의 싸움이다"라며 이번 대선의 성격을 규정했다.

"3·9 대선은 그렇게 망해간 대한민국을 다시 일으켜 세우느냐, 아니면 그 길로 계속 망하게 내버려두느냐가 걸린 절체절명의 내전이다. 이 선택에서 자유인들은 결코 패배할 수 없고, 패배해서도 안 된다"라면서, 이런 싸움에서 이기기 위해서는 "다음 정권을 '내 정파만의 정권'이 아니라, 모두가 참여하는 '공동 정권'으로 설정해야 한다. 그래야만 정권 교체를 이룰 대동단결이 가능하다"라고 주장한다.

야권 후보 단일화를 넘어서 야권의 모든 세력을 아우른 연합정부를 꾸려야 정권 교체를 이루고 자유민주주의로 돌아갈 수 있다. 그러려면 국민의힘에서는 유승민과 이준석의 리더십에서 보수의 기치를 내세운 윤석열 리더십으로 바뀌어야 한다. 윤석열 후보는 모든 세력들을 이슈별로 규합하는 통합의 리더십을 발휘하고 안철수 대표와 손을 잡는다면, 압도적인 지지를 얻을 수 있다고 본다.

안철수가
반문비국 세력 잡으면?

현재 국민의힘에 속한 104명 의원과 후보들, 그들의 지도력과 정치력 등을 본다면 집권 가능성은 높지 않다. 즉, 그들의 능력과 노력으로 정권 교체의 가능성이 높아진 것은 아니라는 말이다. 이는 이재명 후보, 문재인 정권, 좌파가 자체적인 모순으로 스스로 흔들리고 무너졌기 때문이다. 그런데 국민의힘에서는 정책이나 정치철학, 능력 등이 없고, 이런 시점에서 국민들이 회초리를 들어야 할 때가 되었다.

민주당에서는 지역별로 경선을 거쳐 결과를 발표하는데, 국민의힘에서는 그런 식의 경선 없이 토론을 거쳐 12명의 후보 중에서 4명을 추려냈다. 그런데 경선 과정에서 누가 몇 퍼센트를 차지했는지는 밝히지 않았다. 이는 절차나 방법 등의 접근법부터가 잘못된 것이며, 내부 후보의 비위를 거스르지 않기 위한 것이다. 무엇보다도 유권자가 무엇을 원하는지 제대로 파악해서 그들이 알고 싶어 하는 것은 투명하게 공개해야 한다.

경선 후보 토론 과정에서도 정책적 고민이나 비전을 논하는 대신, 내부적으로 총질하는 수준이었다. 게다가 토론 역시 그전에 했던 질문의 반복이었다. 3권 분립이 제대로 이뤄지는지, 의회가 잘 돌아가고 있는지, 청와대의 통솔에는 문제가 없는지, 국가 공직 인사가 제대로 되어 있는지, 서민과 빈민층에 대해 어떤 식으로 직업 교육을 할 것인지 등을 고민하고 질문해야 하는데, 그런 고민은 찾아볼 수 없이 서로의 흠집을 내고 물어뜯고만 있다.

어쨌든 정권 교체에 대한 갈망으로 인해 큰 흐름은 변함이 없겠지만, 정권을 교체하기 위해서는 내부적으로도 서로 끌어안아야 하고 외부적으로도 끌어안아야 한다. 그렇게 세력을 통합하지 않으면 이들이 어디로 흘러가서 어떤 변수로 작용할지 알 수 없다. 그런 면에서 안철수 대표를 포섭해야 한다. 그동안 국민의힘에서 토사구팽하듯 안철수 대표를 이용한 것도 사실이므로, 공정한 경선을 거치게끔 해야 한다.

이번 대선은 '반문'이자 '비국'인 중도가 어느 쪽에 표를 던지느냐에 달려 있다. 자신의 의견을 적극적으로 피력하는 소수가 아니라, 문재인 정권과 민주당은 안 되지만 국민의힘 역시 싫어하는, 침묵하고 있는 중도의 마음을 얻기 위해 부단히 연구하고 노력해야 한다. 만약 안철수 대표가 제3지대를 규합한다면 그들이 정권 교체를 이룰 가능성도 있다.

이준석이 안철수 몸집 키운다

국민의힘과 국민의당 합당 과정에서 잡음이 들리고 있다. 서울시장 보궐선거에서 안철수 대표가 국민의힘에 힘을 실어주면서 오세훈 시장이 당선되었고, 최재형 전 감사원장과 윤석열 전 검찰총장이 합류한 데다, 당 대표 자리에 오른 이준석 대표로서는 국민의당과 합당할 이유가 없다고 여기는 듯하다. 그래서인지 이준석은 SNS를 통해 "당 대표가 아니라 철부지 애송이로 보이니까 정상적인 질문에 정상적인 답변이 안 나오는 겁니다"라며 "계급보고 경례하는 것"이라고 국민의당에 이의를 제기했다.

그러나 약체인 국민의당으로서는 합당 과정에서 망설일 수밖에 없다. 합당한 후에 모든 힘을 잃고 휘둘리지 않으려면 조건을 따져야 하는데, 이준석 대표는 합당 여부에 대해서만 답을 재촉하고 있다. 그러니 국민의당은 더욱 망설이게 되는 것이다. 그러므로 합당 이후 정당한 경선을 치르게 해줄 것, 당직자들의 행보를 보장해줄 것을 요구하는 국민의당의 입장은 당연하다.

그런데 이준석 대표는 합당에 대한 가부만 하루빨리 결정하라며 압박을 가하고 있다. 이렇게 되면 합당은 불가능해 보인다. 안철수 대표는 국민의힘이 경선을 마치고 대선 후보를 정한 후를 노릴 것이다. 결국 야권 단일화 과정을 거치지 않을 수 없을 것이고, 타임으로 노릴 것이라는 전문가들의 예측대로 막판까지 조율했고 이는 절실했다는 평가다. 그때 국민의힘 대선 후보와 일대일로 경선을 거치면 되기 때문이다. 국민의힘의 지지율이 높은 것은 그들이 잘해서가 아니라 다른 선택지가 없기 때문이라는 점을 잊으면 안 된다.

홍준표와 안철수가
핵심 키맨

　윤석열 후보에게 홍준표 전 대표는 포섭해야 할 대상이다. 민주당을 비롯한 진보 세력에서 하는 비판보다도 우파 내부에서 윤석열 후보에게 쏟아지는 비판과 비난이 더욱 매섭고 아프기 때문이다. 내부의 비판은 두고두고 부담으로 작용할 것이고, 이준석 대표와 김종인 위원장의 빈자리를 메워줄 사람도 필요하다. 이준석 대표가 돌아서면서 20~30대 표심이 민주당으로 향한 것은 아니지만 그렇다고 윤석열 후보에게 향한 것도 아닌데, 이때 이들의 표심을 잡아줄 사람이 홍준표 전 대표인 것이다.

　12월 29일, 이낙연 전 국무총리는 이재명 후보와 51일 만에 만남을 가졌다. 국가 비전과 통합 위원회를 만들어 공동 위원장을 맡기로 한 것이다. 이낙연 전 국무총리는 경선에서 2위로 물러나며 고배를 마셨지만, 민주당은 이렇게 구심점을 만들어서 결속력을 다지고 있다.

　정권 교체라는 대의를 생각한다면, 홍준표 전 대표 역시 윤석열 후보를 지지하고 도와야 할 것이다. 그리고 윤석열 후보도 홍준표 전 대표에게 삼고초려하여 도움을 청할 필요가 있다. 그러려면 홍준표 전 대표에게도 역할을 주고 힘을 실어주어야 한다. 안철수 대표를 설득하여 힘을 합치려면, 이준석 대표와 김종인 위원장과 결별하더라도 홍준표 전 대표의 힘을 빌려야 하는 것이다.

김종인, 첫 업무부터 안철수 공격

김종인 위원장은 중앙선거대책위원회 출범식에서 "스스로 윤석열 후보가 단일화 후보가 될 수 있도록 해주면 되는 것"이라며 안철수 후보에게 사퇴를 요구했다. 김종인 위원장은 서울시장 보궐선거 당시에도 안철수 후보에게 야권 단일화를 강요했는데, 선대위 첫날 업무를 시작하자마자 또다시 안철수 후보에게 사퇴를 요구한 셈이다.

김종인 위원장은 "본인이 정권 교체를 위해서 뭐든지 하겠다고 얘기를 했기 때문에 전국에서 정권 교체를 위한 길을 택해주시지 않겠나 생각한다"면서 "대선 포기는 본인의 결단에 달린 것"이라고 강조했다. 정권 교체를 하기 위해서는 지지율이 높은 윤석열 후보가 야권 단일 후보가 되어야 한다는 것이다. 그 대신 안철수 후보를 서울시 종로구 국회의원 보궐선거를 출구 전략으로 마련해주는 방안을 고려하고 있다.

그러나 이런 식이라면 안철수 후보와 단일화하기는 어렵다. 진정으로 야권 통합을 바란다면 누구든 공정하게 경선을 벌일 수 있는 플랫폼을 만들어야 한다. 공정한 과정을 거쳐 나온 결과에는 모두 승복할 것이다. 서울시장 보궐선거 당시 단일화로 물러난 안철수 후보를 토사구팽한 것처럼, 이번에도 그런 식으로 압박하면 안철수 후보가 또다시 물러나주지는 않을 것이기 때문이다.

5장_하이에나와 파리 떼와 안내견

리스크는
존재한다

컨벤션 효과 덕에 윤석열 후보의 지지율은 47.3%, 이재명 후보는 35.2%로 벌어지고 있다. 이대로 가면 윤석열 후보가 승리를 거둘 것은 자명하지만, 관건은 야권 단일화다.

한편 김종인 박사는 여전히 선거대책위원회의 위원장 자리를 두고 고심했었다. 또한 이준석 대표는 "파리 떼, 하이에나가 우려되므로 선거대책위원회의 구성을 냉정하게 해야 한다"며 윤석열 후보에게 충고했다. 당 대표로서는 위험한 발언이다. 그렇기에 김종인 리스크, 이준석 리스크로 작용하는 것이다.

그러므로 김종인 박사를 위원장으로 임용한다면 전권을 넘기지 말고 윤석열 후보가 중요한 일을 결정해야 한다. 그러한 결단력이 없다면 휘둘리기 쉽다. 그럴 바에는 김종인 박사를 영입하지 않는 것도 방법이라고 봤었다. 야권 단일화에 걸림돌이 되는 이준석 대표와 김종인 박사에게 휘둘리게 되면 안철수 후보에게 역선택 표가 몰릴 것이고, 야권 단일화가 무산되면서 표가 분산될 가능성이 높다.

제3지대의 모든 세력을 규합하여 야권 단일화를 이뤄내면 역선택 표도 안철수 후보에게 몰리지 않을 것이다. 그러나 야권 단일화가 이뤄지지 않으면 자칫 정권 교체를 하지 못할 가능성이 있다. 단일화된 야권으로 연합정부를 이루기로 하고, 제3지대의 세력을 규합하여 윤석열 후보를 내세워 하나로 뭉치면 정권 교체는 요원한 일이 아니다.

유승민 전 국회의원은 "윤석열의 인성에 놀란 적이 많다"며 우려를 표시했다. 윤석열 전 검찰총장의 지지자와 유승민 전 국회의원의 지지자 사이에 벌어진 폭력사태를 언급하면서 "유독 저희 지지자들만 춘천에서 한 분이, 또 여의도 KBS 앞에서 두 분이 다쳤다. 한 분은 목을, 한 분은 발목을, 한 분은 팔을 물렸다"고 밝혔다.

유승민 전 국회의원은 "토론회에서 윤 후보에게 시간을 할애해 유감 표명을 받고 싶어서 공개적으로 이야기했는데, 윤 후보는 자기 지지자가 누군지도 모르고 캠프 사람이 아니라는 이유로 사과하기를 거부했다"며 윤석열 후보의 인성에 문제를 제기한 것이다. 그러나 지지자들의 잘못을 윤석열 후보가 일일이 사과할 필요가 없다고 본다.

한편 유승민 전 국회의원은 정책 토론에 실패한 이유를 2가지로 들었다. 하나는 국민의힘 후보들의 정책이 비슷하기 때문이고,

또 하나는 정책 토론을 위해 질문을 던져도 상대방이 준비가 전혀 되어 있지 않았기 때문이라는 것이다. 그러면서 윤석열 후보에게 복지 정책에 대해 질문했지만 답을 하지 못했다고 지적하며 아쉬움을 토로했다.

또한 "문재인 대통령은 특검을 뭉개고 지나가고, 이재명 후보는 대통령의 퇴임 후 신변 보장을 한 것 아닌가 하는 합리적인 의심이 든다"고 주장했다. 그러나 후보가 되면 당과 상의하여 특검을 관철시키겠다는 식의 안이한 태도로는 불가능하다고 본다.

현재 상황에서는 여러 가지 면에서 윤석열 후보가 낙승할 것으로 보인다. 윤석열 후보가 경선에서 승리한다면 홍준표 후보도 정권 교체를 위해 결과에 승복할 것이고, 만약 홍준표 후보가 경선에서 승리하더라도 윤석열 후보는 정권 교체를 위해 홍준표 후보에게 힘을 보탤 것이다.

가장 위험한 것은 안철수 후보다. 안철수 후보도 끝까지 싸우겠다는 입장을 밝힌 데다, 이준석 대표가 안철수 후보를 대상으로 계속 외압을 가하고 있기 때문이다. 그러나 안철수 후보는 정권 교체라는 대의를 위해서 끝까지 대권 주자를 고집하지는 않을 것이라는 입장을 밝혔다. 안철수 후보에게는 탄탄한 지지자층이 있는데, 그가 큰 대의를 위해 희생하며 도덕적이라는 믿음이 있기 때문이다. 그렇기에 나중에 야권 후보 단일화를 고려한다면 안철수 후보와 국민의당을 포섭하려 노력해야 한다.

그런데 이준석 대표가 안철수 후보를 공격하는 이유는 개인적인 욕심이 있기 때문이 아닐까 싶다. 자신의 입지를 굳히고 싶은 욕심에서 대의보다는 개인적인 정치 경력을 생각하는 것으로 보인다. 이준석 대표는 앞과 뒤에서의 행동이 다르고 모든 언행이 정치적이므로, 도덕적으로 보았을 때 정치를 해서는 안 될 사람이라고 보인다.

대선을 앞둔 당 대표라고는 생각하기 어려울 만큼 당이 내세운 후보에 대해 주도권을 쥐려 하기 때문이다. 이준석 대표가 울산으로 내려갔을 때 윤석열 후보는 직접 그를 찾아가 전권을 주겠다고 약속했고, 이준석 대표는 빨간색 후드티를 입고 사진을 찍는 퍼포먼스를 벌였다. 그러나 20~30대의 반응은 싸늘했다. 실제로 이준석 대표에 대한 20~30대의 지지율도 하락한 상태다.

이준석 대표의 이런 행동은 윤석열 후보를 앞에 세우는 것이 아니라 자신이 튀려는 것처럼 보인다. 윤석열 후보와 20~30대를 이용하여 자신의 정치적 입지를 다지려는 시도로 보이므로, 윤석열 후보가 이준석 대표와 더 이상 함께할 필요가 없지 않을까 싶다. 그러므로 이제는 윤석열 후보가 주도권을 가지고 움직여야 할 때다.

사실 당 대표 선거 때도 당원에게 압도적인 지지를 받은 것은 나경원 의원이었다. 그런데 여론에서 좀 더 높은 지지율을 얻었던 이준석 대표에게 당 대표 자리가 돌아간 것이다. 게다가 선거대책위원회 출범식의 비용이 어떻게, 누구에게 쓰였는지도 투명하게 밝힐 필요가 있다.

이렇듯 이준석 리스크를 안고 가는 것은 윤석열 후보에게는 큰 부담이 될 수 있다. 그러므로 윤석열 후보로서는 이준석 리스크를 노련하게 다루어야 20~30대의 표심을 확실히 잡을 것으로 보인다.

이준석의
속셈

연일 윤석열 후보를 비판하고 있는 이준석 당 대표의 행보가 의심스럽다. 대장동 사건의 특검을 관철시켜야 하는 당 대표로서 오히려 윤석열 후보를 비난하는 것은 이해하기 어렵다.

이준석 대표는 "수습이 늦었던 점은 안타깝지만, 나중에 인스타그램에 익살스럽게 풀어낸답시고 강아지가 인도 사과를 먹는 사진을 올린 것을 아침에 일어나서 보고 어떻게 해야 할지 모를 정도로 당황스러웠다"며 다시금 논란에 기름을 부은 격이 되었다. 그동안 호남의 민심을 얻기 위해 노력해온 것이 물거품이 될 수도 있다며 우려를 표시하기도 했다. 이런 행동을 보면 유승민 전 국회의원이나 홍준표 전 대표를 대권주자로 점찍은 것은 아닌가 하는 의심이 든다.

종로 출마 선언에 선을 그었던 이준석 대표였지만, 종로 보궐선거는 자신이 나가든 누가 나가든 야권에서 이길 것이라고 방송에서 언급했다. 정치 일번지로 불리는 종로와 대권은 러닝메이트로 여겨질 때가 많은데, 이준석 대표는 다시금 선을 그었다. 만약 윤석열 후보가 대통령이 되어서 자신이 종로에 출마하더라도 윤석열의 러닝메이트는 아니라는 식으로 발을 뺀 것이다. 다른 후보라면 당연히 대권 주자의 러닝메이트라고 하겠지만, 종로 출마를 노리는 이준석 대표로서는 그런 시선을 미리 차단한 것으로 보인다.

그러나 노원구에서도 3번 연속 낙선한 이준석 대표가 정치 일번지로 불리는 종로에서 과연 표를 얻을 수 있을지 의심스럽다. 만약 대권 주자의 힘을 빌려 러닝메이트로 나선다면 그나마 가능성이 있겠지만, 그마저도 스스로 선을 그었기에 가능성은 더욱 요원해 보인다.

이준석,
왜 그럴까?

　국민의힘을 지지했던 청년층 일부가 대선 후보 경선 결과에 불만을 드러내며 탈당하는 가운데, 그 규모를 두고 지도부 내에서 설전이 벌어졌다. 김재원 최고위원은 경선 결과가 나온 후 탈당한 당원이 40명에 불과하다고 말했지만, 당무를 총괄하는 이준석 대표가 "지난 주말 수도권에서만 1,800명이 넘게 탈당했고, 탈당자 중 20~30대의 비율은 75%가 넘는다"고 주장했다. 즉, 1,350명 이상의 청년층이 탈당한 셈이다. 그리고 탈당한 청년층은 대개 홍준표 전 대표를 지지한 것으로 보인다고 했다.

　그렇다고는 해도 원하는 사람이 후보가 되지 않았다고 해서 탈당했다고 보기는 어렵다. 정권 교체를 원하는 국민의 목소리가 높은 만큼, 원하는 후보가 아니라고 해도 한뜻으로 대선을 치러야 할 것이다. 이준석 대표는 홍준표 전 대표를 지지했던 청년층에게 호소하여 윤석열 후보를 지지하도록 힘을 실어줘야 한다.

　이제껏 경선이 끝난 후에 당원이 탈당하는 일은 늘 있었다. 물론 이번에 탈당한 당원 수가 예전에 비해 많았다고도 할 수 있다.

그러나 그 숫자보다는 많은 국민들이 정권 교체를 원하는 만큼, 그 숫자에는 비할 수 없을 것이다.

호남에서 또 태클, 목적이 분명하다

이준석 대표는 "전두환은 정치를 한 적 없고 통치만 했다. 윤석열의 인식에 반대한다"고 입장을 밝혔다. 여순사건 희생자 위령비를 참배한 이준석 대표는 기자들에게 "전두환은 화합하고 조율하고 정당 간 의견 교류를 한 적이 없다"면서 "윤 후보가 어떤 의미로 발언했는지 설명했지만 동의하기 어렵다. 그 인식에는 반대한다"고 말했다.

윤석열 후보는 전두환의 경제 정책에 대해서만 칭찬했을 뿐이지, 독재나 쿠데타에 동의한 것은 아니다. 그런데도 윤석열 후보의 설명을 이해할 수 없다면서 비판하는 이준석 대표의 속셈은 아마도 역선택을 노리는 것이지 않을까 싶다. 역선택으로 윤석열 후보 대신 유승민 전 국회의원이나 홍준표 전 대표가 경선에서 이기길 바라는 것이다.

이준석 대표가 "우리 당에서는 호남 관련 발언은 최대한 고민해 달라"고 하면서 여순사건 위령비 앞에서 전두환을 언급하며 윤석열 후보를 교묘히 몰아가는 것 같은 모양새를 하고 있다. 이런 식의 언급에서는 결국 이준석 대표가 개인적인 정치 경력을 신경 쓰며 경선을 몰아가려는 의도가 엿보인다. 이재명 후보와 문재인 대통령에 대항하여 정권 교체를 이뤄내야 하는 상황에 오히려 윤석열 후보를 공격하는 것은 대의에는 도움이 되지 않는다는 사실을 알아야 할 것이다.

뛰는 이준석 위에
나는 윤석열

이준석 대표는 머리가 뛰어나지만, 윤석열 전 검찰총장은 비상한 면이 있다. 이준석 대표는 호남에 있었고 원내 대표는 휴가 중이었을 때, 윤석열 전 검찰총장이 기습적으로 입당식을 한 것이다. 그날 당 지도부 없이 주요 의원들과 함께 입당식을 거행하는 행보를 통해 윤석열 전 검찰총장은 이준석 대표를 20~30대 청년층을 공략하고 호남 선거대책본부장으로 활용할 것으로 보인다.

이런 상황에 당황한 이준석 대표는 그 의도를 알 수 없다며, "원래 입당 날짜가 정해져 있었는데 이 날짜가 언론에 유출되면서 급하게 일정을 바꾼 것으로 알려졌다"며 "윤 전 검찰총장이 일정을 다시 상의할 줄 알았다"고 언론에 입장을 밝혔다. 다만 날짜가 유출된 귀책 사유가 누구에게 있는지 확인해야 할 것으로 보인다며, 윤석열 전 검찰총장 측에서 흘린 것은 아니겠느냐는 의미를 넌지시 언급했다. "형식적으로는 굉장히 아쉬운 부분이 있다"며 당 대표 일정은 쉽게 알 수 있는데 하필이면 자신이 지방 일정이 있는 날 입당식을 한 것은 의아한 면이 있다고 말했다.

윤석열 전 검찰총장의 움직임은 국민의힘에 자신이 대권 후보로 나설 것임을 명확히 한 것이다. 당 대표의 허락이나 눈치를 보지 않고도 야권을 통합할 힘이 있음을 보여주려 했다고도 할 수 있다. 이렇듯 전략적으로 움직일 줄 아는 윤석열 전 검찰총장과 사명감으로 살아온 최재형 전 감사원장이 협력한다면, 큰 시너지를 볼 수 있을 것 같다.

김종인, 대권 꿈꾸다 킹메이커로 돌변했지만

정치인 김대호는 김종인 전 당 대표의 출판 기념회가 열렸다는 뉴스를 보고 그 책을 사보려고 인터넷 서점에서 검색했는데 그 책이 뜨지 않았다고 했다. 그 책이 만화책이고, 원제가 '만화로 읽는 오늘의 인물 이야기'이며, 중앙일보에 여러 차례 광고를 실었음을 알고 다시금 검색했지만 책을 찾을 수 없었다. 그렇기에 이 책은 풍부한 경험과 지혜를 공유하기 위한 책이 아니라 이름을 알리기 위한 책이 아닐까 의심했다. 다시 말해, 대선 출마용 책이라고 본 것이다.

김대호는 김종인 전 당 대표가 국민의힘 내부적으로는 대선 후보감이 없을 것이라고 여기고 스스로 대권 후보로 나서려 했던 것으로 추측한다. 그런데 윤석열 후보가 국민의힘에 합류하면서 대선 후보가 되자, 어쩔 수 없이 출판 기념회는 열었지만 인터넷 서점에서 판매까지 하지는 못한 것으로 보인다. 그래서 더 검색해보았더니 강준만이 '단독자 김종인의 명암'이라는 제목의 책을 냈다는 사실을 알게 되었다.

김종인 전 당 대표는 흔히 "경제민주화를 헌법 조문에 넣은 사람"이라거나 "재벌 개혁론자", "킹메이커" 등으로 불린다. 정말로 그렇다면 김종인 전 당 대표는 경험과 지혜를 사회에 환원하기 위해 노력해야 하는데 그렇지 않다. 오히려 총선을 망치고도 비대위원장으로 추대되어 거칠 것 없는 행보를 보였다. 따라서 홍준표전 대표와 이재명 후보의 나쁜 점을 합쳐서 가진 듯한 김종인 전당 대표에 대해서는 많이 배려할 필요가 없으며, 틈이 보이면 등에 칼을 꽂을 사람이라며 경계해야 한다고 김대호는 평가한다.

김종인
드디어 발톱 드러냈다

　김종인 전 비대위원장이 "윤 후보의 선대위에서 허수아비 노릇을 할 순 없지만 이는 전권과는 별개"라고 밝혔다. 물론 전권이 아니라고는 했지만, 사실상 전권을 원하는 것이나 다름없다. 게다가 당내 혁신이 필요하다고 강조하는데, 이 또한 구시대적인 발상이다.

　김종인 전 비대위원장은 "사람에 의존해서는 안 된다"고 하지만, 정치는 사람이 하는 것이다. 각 분야의 전문가, 실력가에게 맡기는 것도 필요하다. 그러므로 전권을 휘두를 것이 아니라, 풍부한 경험과 지혜를 바탕으로 자문을 제공해야 한다.

　"당심과 민심의 괴리가 무엇을 의미하는지 잘 생각해봐야 한다"고 하면서, 김종인 전 비대위원장은 "특히 젊은 세대, 2030세대에게 희망을 줄 수 있는 혁신을 할 수 있는 비전을 제시하지 않으면 그들이 따르지 않을 것이다"라고 말한다. 이는 곧 윤석열 후보는 2030세대의 지지가 약하므로, 이를 해결하려면 자신에게 전권을 맡기라는 뜻이다. 그러나 현재 지지율을 살펴보면 2030세대에서도 이재명 후보를 앞서고 있으므로 윤석열 후보는 굳이 두려워할 필요가 없다. 그보다는 역사의 책임을 지는 것을 우선시하여 정권 교체를 위해 나아가야 한다.

윤석열을 노리는 독수

윤석열 후보는 당의 외부에서 들어온 대통령 후보로서 예외적인 사례다. 그러나 맷집이 좋고 보스 기질이 있어서, 이는 단점이기도 하지만 크나큰 장점으로 작용한다. 예의 바르고 정중하며 진중한 기질을 지닌 것도 장점으로 꼽을 수 있다.

여러 가지 사소하게 보완할 점이 있는데, 우선 말을 줄여야 한다. 중요한 메시지를 전달할 때는 간결하고도 건조해야 하는데, 윤석열 후보는 말이 길고 말실수를 저지르곤 한다. 그러므로 김종인 전 당 대표의 간결 화법을 배울 필요가 있다. 또한 영어 단어를 많이 쓰는 말투도 고쳐야 한다. 한 나라의 대통령으로서 누구든 설득할 수 있게끔 쉬운 말로 대화를 나눌 수 있어야 하며, 자칫 오만하고 우월한 듯한 자세를 취하는 것처럼 오해받을 수 있기 때문이다. 한편 미국의 사례를 들어 설명하는 경우가 많다. 코로나 시국을 겪으며 미국이 방역에 실패하면서 미국을 선진 사례로만 보기는 어렵기에 미국을 좋은 선례로 짚는 데는 한계가 있다.

그러나 크게 고쳐야 할 단점이 있다면, 비전이 약하다는 점이다. 누구나 다 알고 있는 당연한 것을 비전으로 내세워서는 안 된다. 그러므로 누구도 생각하지 못한 문제를 해결할 수 있는 정책과 비전을 내놓아야 한다. 인구 감소, 청년 실업 등의 문제를 근본적으로 해결할 수 있는 종합적인 대책을 구상하고 그를 위한 재정을 마련해야 하는 식이다. 게다가 민주당에서 윤석열 후보의 문제점을 짚어내려 할 때, 문재인 정부의 대척점에 있기 때문에 표를 얻는 것이 아니라 정책적인 비전을 갖추고 있어서 사람들을 놀라게 해야 한다.

윤석열과 최재형, 버스 너무 일찍 탔다

당 차원의 대선 준비는 4가지로 이뤄져야 한다. 첫째, 당 조직 정비뿐 아니라 당세를 확대해야 한다. 둘째, 야권의 통합을 이뤄야 한다. 셋째, 국민들에게 경선이 흥행해서 흥미를 끌어야 한다. 넷째, 공약을 준비해야 한다. 이는 반드시 해야 하는 일이므로 당 차원에서 협력하여 해내야 한다. 그러나 현 체제에서는 이런 일을 해낼 수 없어 보인다.

한 나라의 대통령 후보를 뽑을 때도 음악 경선 프로그램처럼 서로 경쟁하고 끊임없이 다듬고 배우면서 모든 국민이 흥미를 가지고 지켜보게끔 만들어야 한다. 그런 과정을 거치면 경선 후보들도 국민을 설득할 수 있는 능력과 힘을 가지게 될 것이다. 또한 공약을 만드는 과정에 국민들도 참여할 수 있기 때문에 끊임없이 공약이 다듬어지게 될 것이다. 그런데 지금은 당내의 불화로 이런 과정이 전혀 이뤄지지 못한다. 그러므로 모든 국민이 당에 압력을 가해야 한다.

당 지도부가 대선을 앞두고 자신들이 밀어주고 도와야 하는 후보를 공격하는 이유는 대선 준비 체제가 전혀 갖춰져 있지 않기 때문이다. 대선을 준비하며 반드시 해야 하는 일들을 아무것도 하지 않기 때문에 서로를 헐뜯고 공격하느라 시간을 허비하고 국민의 피로감을 누적시키는 것이다. 마치 빈 수레가 요란한 것처럼 갖춘 것이 없기 때문이라는 말이다.

그리고 당 지도부는 당에 속하지 않은 중도 세력들을 끌어들이려 노력해야 한다. 윤석열 전 검찰총장과 최재형 전 감사원장을 너무 빨리 경선 버스에 태우는 바람에 국민의힘은 지지하지 않지만 두 사람을 응원하던 중도 세력들은 국민의힘에 합류하지 않고 추이를 바라보고 있는 것이다. 따라서 지금은 서로 공격하고 후보를 흠집 낼 때가 아니며, 더 많이 노력할 때다.

윤석열, 국민의힘 부서져도 이긴다는 자신감

　윤석열 전 검찰총장은 신중히 입당 시기를 재면서 국민의힘에 섣불리 합류하지 않으려 한다. 그래서 이봉규TV에서 8월 내로 합류해야 할지, 천천히 해도 될지 설문 조사를 했더니, 1만 명이 넘는 사람 중에 76%가 천천히 해도 된다는 입장을 표명했다.

　이준석 대표는 윤석열 전 검찰총장이 8월 내로 입당하지 않으면 이미 그의 캠프로 몸을 옮기고 있는 국민의힘 인사들을 징계하겠다고 말했다. 한 뉴스쇼에서 8월 말에 당내 경선을 치르기로 결정했으며, 이 결정은 바뀌지 않을 것이라고 강하게 주장했다. 이런 식의 협박은 그다지 먹혀들지 않을 것 같다.

　특히 이준석 대표가 자신의 휴가 일정과 윤석열 전 검찰총장의 입당 시기가 겹칠지도 모른다는 소식에 들은 바가 없다고 말하자, 윤석열 캠프에서는 그 이야기에 강한 불쾌감을 표시했고, 이준석 대표는 다시금 감정적으로 받아들이지 말라고 대응하면서 첨예하게 서로의 입장이 맞섰다.

　어쨌든 윤석열 전 검찰총장은 서두를 것 없이 이 상황을 찬찬히 살펴서 몸을 움직이면서 특유의 끈기를 보였다.

윤석열 후보가 당내 경선 주자들이 자신을 향해 공세를 퍼붓자 "정권을 가져오느냐, 못 가져오느냐는 둘째 문제이고, 이런 정신머리부터 바꾸지 않으면 우리 당은 없어지는 게 맞다"면서 강한 입장을 표명했다. 제주도에서 개최한 제주선거대책위원회 임명식에서 "정치판에 들어오니까 여당이 따로 없고 야당이 따로 없다"며 이같이 비판한 것이다.

검찰총장 재임 시절에 "비리가 드러나면 수사를 하고, 수사해서 진상이 드러나면 그대로 처리하는 상식적인 일을 했는데도, 여권은 나 하나 죽이려고 탈탈 털었다. 정치를 하기 전에는 '제대로 법을 집행하려다가 핍박받는 정말 훌륭한 검사'라고 하던 당 선배들이, 내가 정치에 발을 들이자 핍박이 갑자기 의혹으로 바뀌었다. 민주당과 손잡고 그 프레임에 맞춰 나를 공격하지 않는가"라며 쏟아냈다.

유승민 후보에 대해서는 "고발을 사주했다는 의혹만 가지고 대장동 사건에 비유해가면서, 이재명과 유동규의 관계가 나와 정보정책관의 관계라는 식으로 공격하는 것이 도대체 야당 대선 후보가 할 소리인가"라며 강도 높은 발언을 쏟아냈다.

한편 홍준표 후보가 언급한 제주를 한국판 라스베이거스로 만들겠다는 공약을 비판했다. "건설업자나 좋아할 법한 무책임한 공약을 하는 사람들이 우리 당에서 대통령을 하겠다고 나와서 폭탄을 던지고 다닌다"고 주장하면서 "그분들이 제대로 했으면 이 정권이 넘어갔겠으며, 제대로 했으면 지방선거와 총선에서 박살이 났겠느냐. 개인적으로는 얼마든지 싸움에 나가 이길 자신이 있지만 당이 참 한심하다. 정권 교체를 하려면 당부터 바꿔야 한다"며 목소리를 높였다.

물론 윤석열 후보가 국민의힘에 합류하지 않고 야권 통합을 통해 다른 세력을 규합했더라면 좋았으리라는 아쉬움은 남지만, 지금이라도 제 목소리를 내는 것은 바람직한 일이다.

6장_리스크의 실체

범띠 해,
호랑이 등에 올라타다

다음은 2021년 12월 30일, '범띠 해 김건희 운세'에 대하여 류동학 인문명리학자와 나눈 대담을 정리한 것이다.

새해를 맞이해서 범띠 해, 유력 인사의 새해 운세를 알아본다. 2022년 임인년(壬寅年)은 범띠, 역마살의 해로, 2019년 이후부터 진행된 해자축(亥子丑)의 돼지 해, 쥐띠 해, 소띠 해의 겨울의 수방국(水方局)이 끝나고 새로운 생명력이 시작되는 생동감이 넘치는 3년이 시작된다. 우주의 기운이 겨울의 동장군을 지나서 새벽에 태양이 떠오르듯이 출발하는 해가 바로 범띠 해다.

범띠 해를 나타내는 인목(寅木)은 새로운 출발을 의미하는 것으로, 인목은 영혼의 세계와 같은 해자축의 겨울의 지혜로운 처신과 수축의 겨울을 벗어나 육체를 가진 인간이 세상에 존재를 드러내는 것과 같다. 그렇기 때문에 인목의 범띠 해에 태어나거나, 입춘이 지난 음력 1월에 태어난 인월(寅月)생은 학문이나 교육과 인연이 깊다. 또한 범띠 해는 마치 용수철 같아서 남자든 여자든 치고

나가는 힘이 대단하다. 범띠 해 음력 1월 인월(寅月)생의 대표적
인물인 이병철 회장도 범 달에 태어났다. 범띠이거나 음력 1월에
태어나면 앞으로 치고 나가는 힘이 대단하기 때문에, 이병철 회장
이 삼성을 세계적인 기업으로 만들 수 있었던 것이다.

2021년 소띠 해는 조상 인연이 깊고, '진술축미(辰戌丑未)'라고 해
서 용·개·소·양의 화개살의 하나로, 전생의 업보와 귀신과 어두움
을 상징하는 저승의 기상이었다. 그래서 국가와 사회 전반적으로
암울한 한 해였다고 볼 수 있다. 하지만 내년 범띠 해나 음력 1월
에 태어난 사람들은 저승에서 이승으로 바뀌는 형국, 즉 밤안개로
있다가 새벽에 태양이 떠오르는 출발점이기 때문에, 내년에는 뭔
가 새롭게 출발하는 한 해가 될 것이다.

명리학적으로 인목(寅木)의 범은 '인신사해(寅申巳亥)'라고 해서
'역마살(驛馬煞)'이라고 부르며, 사맹격(四孟格) 네 개가 다 갖춰지면
'역마살 지지'라고 한다. 인신사해는 각 계절을 시작하는 달로 인
목(寅木)은 범, 신금(申金)은 원숭이를, 사화(巳火)는 뱀을, 해수(亥水)
는 돼지를 상징한다. 이와 같이 인신사해를 다 가진 사주는 '사맹
격'이라고 해서 제왕이나 영웅의 사주가 된다. 우리나라에 그런
이가 한 사람 있는데, 박정희 대통령이다.

인목의 해에 입춘 이후인 2월 4일 오전 5시 22분 이후에 태어나
야 제대로 된 2022년의 임인생이 된다. 양력으로는 1월이지만, 절

기로는 입춘을 지나야 새해다. 범띠 해에 태어난 사람은 역마살을 타고 태어난다. 역마살은 매우 역동적이라서 범띠 해에 태어난 사람들은 고향을 떠나 성공해서 금의환향하는 운명이다. 이 사람들은 매우 역동적인 삶을 추구하고, 새로운 곳에서 독립해 사회의 리더가 되라는 팔자를 안고 태어났다고 보면 된다. 거주지 이전이 거의 없던 시절에는 역마살을 부정적으로 봤지만, 지금은 글로벌 시대이기 때문에 역마살을 타고나야 좋다. 한 마디로 말해서 인신사해(寅申巳亥)의 역마가 대접받는 시대가 온 것이다.

박정희 대통령의 사주를 보면 정사년(丁巳年) 뱀띠도 역마, 신해월(辛亥月) 돼지띠도 역마, 경신일(庚申日) 원숭이도 역마, 무인시(戊寅時)도 역마다. 이렇게 타고나는 게 힘들다. 인신사해를 다 가진, 즉 동서남북의 에너지를 다 가지고 태어난 인물인 셈이다. 그가 18년을 집권하는 동안, 대한민국이 잠시도 쉬지 않고 역동적으로 움직여서 초스피드로 욱일상승의 길을 걸었던 것을 보면 그렇다.

일반인으로 봤을 때는 1968년 무신(戊申)생 원숭이띠인 분들이 직업적 전환기가 많고, 자리 이동이 굉장히 많은 해가 된다. 원숭이는 호랑이와 상극이기 때문이다. 그리고 돼지띠와 개띠, 말띠도 좋다. 그다음에 달로 봤을 때는 음력 10월생이 좋고, 음력 7월에 태어난 사람은 주거 이동, 자리 이동 변동 수가 많다. 그리고 정치인 중에 윤석열 후보 같은 경우는 범띠 딸이 들어와야 좋은데, 그 시점이 2월 4일을 지나야 한다.

시중에 떠도는 이야기 중에 '윤석열이 출세하는 것은 김건희의 사주가 좋기 때문이다.'라는 말이 있는데, 사주 상으로는 김건희의 사주로 윤석열이 덕을 본다는 말이 맞다. 김건희 씨도 역마살이 두 개인데, 내년 2월이 지나야 두 사람이 다 좋다. 윤석열 후보가 올해 12월은 안 좋았지만, 새해 1월에는 힘을 받고 들어가는 기운이다. 그리고 2월부터, 즉 입춘을 지나서부터 윤석열 후보와 김건희 씨는 치고 올라가는 운세다.

미(美)와 복(福)을
겸비한 관상

    사실상 김건희 여사와 김혜경 여사가 가장 유력한 영부인 후보이므로, 이 두 사람을 중심으로 누가 영부인이 될 것인지를 관상학적으로 알아본다.

    다음은 2021년 12월 29일, '김건희 관상'에 대해 조규문 역술가와 나눈 대담을 정리한 것이다.

    관상은 다섯 가지 기준, 즉 '얼굴의 외형, 눈썹과 눈두덩 사이의 전택궁(田宅宮), 코, 이마와 턱, 피부'를 보고 판단한다. 이와 같은 기준으로 역대 영부인들의 관상을 살펴보면 그분들의 공통점은 이마와 턱이 좋았다는 점이다. 이마는 하늘이고, 턱은 땅이다. 즉 이마는 직업이고, 턱은 50대 이후의 말년 운세를, 그리고 눈썹과 눈 사이 눈두덩은 가정의 운과 경제적인 운을, 코는 배우자를 본다. 그런데 역대 영부인들 모두가 좋았다. 다섯 가지 기준으로 역대 영부인들의 관상을 분석하고, 그 공통점에 부합하는 사람이 영부인이 될 것이라는 판단을 내리기로 한다.

첫 번째, 얼굴 외형. 동양인들은 동글동글하거나 정사각형에서 세로로 살짝 긴 얼굴을 좋아한다. 김건희 여사의 경우는 얼굴이 정사각형에서 세로로 살짝 길어 보이는데, 가장 안정적인 얼굴형이라고 할 수 있다. 묶은 머리를 할 때가 있는데, 그럴 때는 굉장히 동글동글하고 통통해 보인다. 그리고 김혜경 여사 역시 정사각형에서 세로로 살짝 길어 보이는 얼굴이다. 얼굴 외형으로는 두 사람의 우열을 가릴 수 없다.

두 번째, 코. 김건희 여사의 묶은 머리 사진을 보면 코 모양이 좋다. 김혜경 여사 역시 코가 좋다. 관상으로 볼 때, 여성의 코는 배우자를 나타낸다. 배우자를 보게 되면, 이것 역시도 우열을 가릴 수가 없다.

세 번째, 이마와 턱. 이마는 하늘이면서 직업이고, 양악과 아래턱은 땅이면서 50세 이후의 운을 나타낸다. 두 사람 모두 좋다. 그래서 세 번째 역시 우열을 가릴 수가 없다.

네 번째, 눈썹과 눈 사이의 눈두덩. 전택궁은 가정 운과 경제적인 운을 나타낸다. 김건희 여사의 눈썹과 눈 사이의 전택궁은 넓고 깨끗해서 매우 좋다. 김혜경 여사의 눈썹과 눈 사이도 넓고 깨끗해서 좋다. 그런데 여기에서 결정적인 문제가 생긴다. 최근에 김혜경 여사가 운명의 장난인지 몰라도 낙상사고가 있었기 때문이다. 전택궁에 상처가 생기면서 가정 운과 경제 운에 금이 간 것이다. 관상에 치명상을 입은 셈이다. 화장으로 가리고 사진을 찍었는데도 상처가 커 보인다. 사실 운도 관상도 바뀌는데, 지금까지 우열을 가릴 수 없다가 여기서 차이가 나게 된다. 다섯 가지 공통점 중에서 네 번째, 그러니까 전택궁에서 김건희 여사가 더 좋은 것으로 판단된다.

다섯 번째, 피부. 동서양을 막론하고 관상은 의학에서부터 시작됐다. 얼굴을 통해서 얼마나 건강한가를 보는데, 피가 맑고 잘 돌아야 피부색이 좋다. 그래서 관상에서는 관형찰색(觀形察色), 즉 형(形)을 보고 색을 살피는 것이 더 중요하다. 두 사람의 나이 차이를 고려하더라도, 김건희 여사는 빛이 나는 반면에 김혜경 여사는 빛이 나지 않는다.

관상의 다섯 가지 공통점을 기준으로 김건희 여사와 김혜경 여사의 관상을 살펴본 결과, 김건희 여사가 2승 3무로 승리해서 영부인 상이라는 결론에 이른다. 다시 말해서 관상학적으로 윤석열 후보가 대통령이 될 것으로 점칠 수 있겠다. 더불어서 윤석열 후보와 이재명 후보의 관상을 비교해 본다.

이재명 후보는 얼굴이 소의 형상처럼 세로로 조금 길다. 소는 우직하고 뚝심 있게 밀어붙이는 성향이 있는데, 때마침 2021년은 소의 해였기 때문에 승승장구하여 대선 후보가 될 수 있었다. 그런데 2022년은 호랑이 해이고, 호랑이와 소는 상극이다. 그리고 2021년에 승승장구하다가 연말에 큰 리스크가 두 개 나왔다. 하나는 영부인 상에서 말한 것처럼, 김혜경 여사가 낙상을 해서 전택궁에 상처가 생겼다는 점이다. 그리고 다른 하나는, 대장동 청문회 때 너무 많이 웃었다는 점이다. 본인은 그 웃음으로 효과를 봤다고 생각하는지 모르지만, 오히려 역효과가 나고 말았다. 관상학적으로 보면 이 두 가지가 2022년에 걸림돌이 되지 않을까 예상된다.

윤석열 후보 얼굴은 둥근형이다. 우리나라 역대 대통령들의 얼굴 외형을 기준으로 보게 되면, 이재명 후보에 비해서 윤석열 후보가 조금 더 가깝다. 중국 역대 황제들의 얼굴형과 비교해 봐도 윤석열 후보의 얼굴이 가장 비슷했다. 따라서 영부인 관상이나 대통령 관상으로 볼 때, 윤석열 후보와 김건희 여사 부부가 청와대의 주인이 될 가능성이 더 높다.

태양이
호수를 비추다

새해를 맞이하여 유력 인사의 사주와 운세를 인문명리학적으로 풀어 본다.

다음은 2021년 11월 15일 류동학 인문명리학자와 나눈 대담을 정리한 것이다.

김건희 씨의 사주는 1972년 9월 2일이며, 시는 정확하지 않다. 연(年)은 임자년(壬子年)이고, 임자(壬子)는 호수의 물을 나타내는데, 호수의 물이 뿌리를 내렸다는 의미다. 그래서 1972년생은 물이 많다. 월(月)은 무신월(戊申月)인데 넓은 산 밑에 암반수 같은 '금'을 의미하고, 원숭이의 신(申)은 금(金)을 의미하는 동시에 이동역마살을 나타낸다. 다음으로 생일은 병신일주(丙申日主)이고, 시(時)는 무자시(戊子時)로 봤다. 지난번에 봤던 김혜경 씨의 사주는 백로가 지난 새벽의 태양이었는데, 김건희 씨는 입추가 지난 가을의 초입이다. 그리고 '금'이라는 글자가 밑에 많이 깔려 있는 것을 볼 수 있다. 그리고 '편재'는 경영 마인드를 나타내고, 글로벌적인 삶을 좋아한다는 의미다. '편재'라는 글자는 집안에 큰 재물을 깔고 앉아 있다는 의미다.

사주 명리(命理)에서 재물을 바라보는 시각으로 '편재'와 '정재'가 있다. 편재는 경영 마인드와 함께 글로벌적인 시각을 가지고 있다는 뜻이고, 정재는 고정 재물로서 꼼꼼한 재물과 월급형 재물을 뜻한다. 그런데 김건희 씨 같은 경우는 재물을 너무 많이 깔고 앉아 있다. 이런 사주는 큰 재물을 깔고 앉아 있다고 해서 '편재격'이라고 한다. 김건희 씨는 여성이지만 태양불 사주이며, 태양은 양(陽) 중에 양이라고 한다. 김혜경 씨도 그렇지만, 김건희 씨도 남성 기질이 있다.

김건희 씨는 성격이 활달하고 소탈하지만, 그 성격 속에 '편관'이 있다. '편관'은 권력에 대한 의지를 나타내며, '편관'을 가지고 있는 사람은 권력에 대한 의지와 목적의식이 매우 높다. 그래서 김건희 씨 사주는 '재격'이었는데 편관이 뿌리를 내리고 자진 합수를 했기 때문에, 태양이 호수를 본 형국이라고 할 수 있다. 태양이 호수를 비추니 경치가 살아날 수밖에 없는 격이다. 명리에서는 '수보양광(水補陽光)'이라 하며, 물이 보좌하면 태양이 더욱 빛이 난다는 말이다. 그런데 이런 사주에서 편관이 너무 강하면 태양이 무너지게 된다. 너무 넓은 바다를 비추다 보니 기가 허해지는 것이다. 따라서 식신으로 하여금 편관을 제압해야 하는데, 이것을 '식신재살'이라고 한다. 그래서 이 사주에서는 '무토(戊土)'라는 글자가 좋다. 물을 어느 정도 막아 주기 때문이다.

그런데 김건희 씨 사주에서 조금 아쉬운 게 있다. 이 사주는 초가을에 바닷가나 호숫가에서 모닥불을 피워 놓고 있는 형국인데, 모닥불 옆에 장작이 안 보인다는 점이다. 그러면 에너지가 소멸되고 만다. 장작이 윤석열 후보에게 있어야 하는데, 윤석열 후보에게는 장작이 별로 없다. 그러면 대운(大運)에서 와야 한다. 김건희 씨의 운세를 보면, 다행스럽게도 열 살부터 불이 들어왔다. 특히 서른 살부터는 '정인'이라는 글자가 왔는데, 이때는 제도권 공부를 하게 되면서 나무가 나타난다. 30~40대에 '인성'이 왔다는 것은 사주에는 장작이 없었는데 운에서 은인이 나타난 것으로 볼 수 있다. 특히 김건희 씨 사주에서 나무가 없는 게 참 아쉬웠는데, 다행스럽게도 40대부터 30년간 장작이 들어온 것이다. 장작이 들어오면 지지자의 도움을 받게 된다. 사주에서 운은 조금 약하지만, 30대부터 70대까지 운이 온 것으로 볼 수 있다.

올해 말과 내년의 운세를 보면 김건희 씨가 남편을 잘 되게 하는 운이지만, 올해는 남편을 상처 입히는 운이 왔던 것이다. 그리고 본인도 음해를 많이 당하는 운이라서 시기와 비방, 구설수에 많이 오르내렸던 것이다. 이 운세는 내년 2월 4일까지 오므로, 그

때까지는 조용히 대처하는 것이 좋다. 그 이후로는 '관'이 들어와서 청극지축, 자기가 하고 있는 일의 사업장이 변할 정도로 획기적인 큰 권력이 나타난다. 앞에서 얘기했지만 30대부터 나무가 나왔고, 70대까지 40년간 나타난다. 그리고 김건희 씨는 내년부터 5년 동안 나무가 나타나는 운세다.

사람들이 '윤석열 후보는 부인을 잘못 만나서 힘들다'는 말을 많이 한다. 하지만 윤석열 후보는 겨울의 쇠 사주인데, 불이 없어서 추운 형국이다. 쇠가 강해지려면 불로 다져야 하는데, 윤석열 후보는 불이 없다. 불로 달궈서 담금질을 해야 하는데, 김건희 씨가 '태양불'이라서 그 역할을 하는 것이다. 다행히 김건희 씨가 내조를 잘 할 수 있는 사주인데, 올해에 상관 운이 왔기 때문에 내년 2월 4일까지는 구설수에 많이 오르내릴 수 있다. 그러므로 내년 2월 4일까지는 상대방의 공격을 잘 참아내면서 구설수에 오를 만한 말을 조심하고, 말을 많이 하면 안 된다. 말을 아끼면서 새로운 영부인으로서의 이미지를 만들어 가야 한다.

가짜 뉴스의 실체

김건희 씨에 대한 의혹이 사실이 아니라는 것을 밝히고자 한다. 여러분 중에 '김건희 씨 이력서에 의혹이 조금은 있는 거 아닌가?' 하고 의심하시는 분들이 있을 텐데, 전혀 그렇지 않다. 민주당이나 '대깨문'들의 주장이 사실이 아님을 밝혀 낸 언론 기사('김건희 학·경력 자료 대거 입수 민주당발 가짜뉴스 수두룩', 〈월간조선〉, 2021.12.17.)가 있어서 소개한다.

〈월간 조선〉은 객관적 자료를 근거로 민주당 측이 윤석열 국민의힘 후보 부인인 김건희 씨에 대해 제기한 학력, 경력 의혹과 관련해 팩트 체크를 했다. 취재 결과, 민주당이 제기한 의혹의 상당 부분은 가짜 뉴스였던 것으로 확인됐다. 민주당은 조금만 신경 쓰면 파악할 수 있는 사실까지 왜곡해서 김건희 씨를 공격하기도 했다. 자신들의 무능을 상대의 허물로 포장했다는 비판을 받을 수밖에 없다는 지적이다. 숙명여자대학교 교육대학원 학업 성적 증명서에 나온 김건희 씨의 교육실습 사실과 관련해 국회 교육위원회 소속인 더불어민주당 도종환 의원은 지난 10월 7일 김건희 씨가 대학 강의를 하고, 교사 근무 경력을 허위로 제출했다는 의혹을 제기했다.

도 의원 측에 따르면, 김 씨는 이력서에 1997~1998년 서울 대도초등학교, 1998년 서울 광남중학교에서 교생실습 근무를 했다고 적었다. 그러나 서울시 교육청에서 받은 자료에는 김 씨가 해당 학교에 근무한 이력이 없다는 것이다. 그러나 조해진 국민의힘 의원이 교육청으로부터 받은 자료를 취재한 결과, 교육청은 정부 교원들의 기록만 관리한다. 사범대나 교육대 학생들의 강사나 교생실습 근무 기록은 근무했던 학교에서 개별적으로 관리하기 때문에 교육청에 자료가 없는 것은 당연하다.

〈월간 조선〉이 국회 교육위원장인 조해진 국민의힘 의원으로부터 입수한 숙명여자대학교 교육대학원 학업 성적 증명서를 보면, 김 씨는 1998년 1학기에 교육실습(2학점)을 나간 사실이 확인된다. 반면에 대도초등학교 실기강사 기록은 어디에도 남아 있지 않았다. 대도초등학교 관계자는 "그 무렵의 강사 기록 자료는 김건희 씨뿐만 아니라 누구의 것도 남아 있지 않다."고 했다. 교육청은 조해진 의원실에 "근무 이력이 없다. 오래전 근무 이력을 완벽하게 확인하기에는 어려움이 있음."이라고 답변했다.

민주당은 근무 이력이 없다는 답변만 부각시켜 김 씨의 중학교와 초등학교의 교생 및 강사 경력을 허위라고 단정했다는 지적이다. 국민의힘 관계자는 민주당에서 숙명여대 자료를 확보하거나 대도초등학교에 확인했더라면, 사실 관계를 파악할 수 있는데도 이런 부분은 쏙 빼놓고 김건희 씨를 공격한 것이다. 전형적인 '김대업식 정치공작'이 아닐 수 없다.

민주당은 김 씨가 지난 2014년 국민대 겸임교수로 지원할 때, 서울대 경영전문대학원에서 경영전문 석사를 했으면서도 서울대 경영학과 석사라고 허위로 기재했다는 의혹을 제기한다. 또 민주당은 김 씨가 6개월 코스의 서울대 경영전문대학원 경영전문 석사를 한 것이 전부라고 주장하는데, 확인 결과 사실이 아니었다. 김 씨는 2012년 2월 24일 서울대학교 경영전문대학원 경영학과(Executive MBA)에서 경영전문 석사 학위를 받았다. 김 씨가 6개월 코스의 서울대 경영전문대학원을 다녔다는 민주당의 주장이 가짜 뉴스였던 것이다.

민주당은 김 씨가 이력서에 '영락고등학교 미술 교사'를 지냈다고 적은 것을 허위라고 주장한다. 실제 그의 경력은 '영락여상 미술 강사'였다는 것이다. 김 씨는 수원여대 교원임용 지원서에 2000년 영락여고(근무 기관) 미술 교사(근무 부서) 정교사(직위)라고 썼는데, 김 씨는 1999년 정교사 자격을 취득했다. 윤 후보 측 관계자는 "영락여상과 영락고는 같은 재단이다. 위치도 같다. 두 학교 이름을 착각한 것"이라고 했다. 일각에서는 민주당이 실수를 꼬투리 잡아 그의 경력 전체를 왜곡해 공격한다는 지적이 나온다.

김 씨는 2004년 서일대에 낸 이력서에 '숙명여대 미술대학원 졸업'이라고 적었다. 하지만 숙명여대는 과거는 물론 현재에도 미술대학원은 존재하지 않는다. 이 점을 들어 민주당과 친여 성향 매체는 김 씨를 매도(罵倒)하고 있다. 취재 결과, 김 씨는 1999년 8월 21일 숙명여대 교육대학원에서 미술교육 전공으로 석사 학위를 받았다. 게다가 이력서에는 숙명여대 교육대학원 미술교육 전공이 명시된 석사 졸업증명서를 첨부했다. 서일대 교원임용 지원서에 '한림대 출강'이라고 적은 것도 마찬가지다. 민주당에서는 '한림성심대'인데, 왜 '한림대'라고 적었느냐고 한다. 하지만 당시 지원서에 한림성심대 경력 증명서를 첨부했다. 만일 속일 의도가 있었다면 졸업 증명서를 제출하지 않았거나 위조했을 것이다.

김 씨는 2014년에 제출한 국민대 교원임용 지원서에 '한국폴리텍대학 부교수(겸임)'이라고 기재했는데, 실제로는 '산학겸임 교원'이라는 지적이 나왔다. '산학겸임 교원'은 교수 직책에 해당하지 않는다는 것이다. 그런데 한국폴리텍대학 인사규정 시행규칙(제45조의3)을 보면 산학겸임 교원은 '교수 대우, 부교수 대우, 조교수 대우'로 각각 임용한다. 김 씨는 한국폴리텍대학에 5년간(2005년 3월 1일~2010년 2월 28일) 출강했다. '대우'를 쓰지 않았다고 교수 경력을 허위 기재했다는 비판은 과도한 측면이 있다는 지적이 나온다. 또한 민주당은 김 씨의 허위 이력으로 다른 경쟁자들이 기회를 박탈당했다면서 '채용 비리'라고 주장한다. 그런데 이런 주장은 설득력이 떨어진다는 지적이다. 김 씨는 학생들에게 실무를 가르치고자 산학겸임 교원이나 시간 강사로 활동했다. 선발 경쟁을 거쳐 채용되는 전임교원을 했던 게 아니라는 이야기다. 채용 비리라는 비판 자체가 성립이 안 된다는 분석이다.

'정연태의 만리풍취'에 게시된 글을 옮겼다. 민주당이 제기한 의혹에 대해 조목조목 입증해 주었다. 예를 들어서 학과 이름이 조금 바뀐 것, 단체 이름이 조금 바뀐 것들에 대해서 허위라고 여섯 가지 주장을 했는데, 그렇지 않다는 것이 사실로 확인되었음을 밝힌다.

당당하고
담대하게 나아가라

김건희 씨의 사과 기자회견을 보면서 안타까운 생각이 들었다. 지켜보는 마음이 참으로 복잡한 기자회견이었지만, 여러분과 함께 공유해 보자는 의미에서 사과문 전문을 그대로 소개한다.

안녕하세요. 국민의힘 대통령 후보 윤석열의 아내 김건희입니다.

두렵고 송구한 마음으로 이 자리에 섰습니다. 진즉에 말씀드려야 했는데, 너무 늦어서 죄송합니다. 약 1년 전만 해도 이렇게 많은 기자님들과 카메라 앞에 대통령 후보의 부인이라고 저를 소개할 줄은 감히 상상도 못했습니다.

제가 남편을 처음 만난 날, 검사라고 하기에 무서운 사람인 줄만 알았습니다. 하지만 그는 늘 같은 옷만 입고 다녀도 자신감이 넘치고 호탕했고, 후배들에게 맘껏 베풀 남자였습니다. 몸이 약한 저를 걱정해 밥은 먹었느냐, 날씨가 추운데 따뜻하게 입어라, 늘 전화를 잊지 않았습니다. 그런 남편이 저 때문에 지금 너무 어려운 입장이 되어 정말 괴롭습니다. 제가 없어져 남편이 남편답게만 평가받을 수 있다면, 차라리 그렇게라도 하고 싶습니다.

저는 남편에 비해 한없이 부족한 사람입니다. 제가 사랑하고 존경하는 남편 윤석열 앞에 저의 허물이 너무나도 부끄럽습니다. 결혼 이후 남편이 겪는 모든 고통이 다 저의 탓이라고만 생각됩니다. 결혼 후 어렵게 아이를 가졌지만, 남편의 직장 일로 몸과 마음이 지쳐 아이를 잃었습니다. 예쁜 아이만 낳으면 업고 출근하겠다던 남편의 간절한 소원도 들어줄 수 없게 됐습니다.

국민을 향한 남편의 뜻에 제가 얼룩이 될까 늘 조마조마합니다. 일과 학업을 함께하는 과정에서 제 잘못이 있었습니다. 잘 보이려 경력을 부풀리고, 잘못 적은 것도 있었습니다. 그러지 말아야 했었는데, 돌이켜보니 너무나도 부끄러운 일이었습니다. 모든 것이 저의 잘못이고, 불찰입니다. 부디 용서해 주십시오.

국민 여러분께 진심으로 사죄의 말씀을 드립니다. 저 때문에 남편이 비난받는 현실에 너무 가슴이 무너집니다. 과거의 잘못을 깊이 반성하고, 국민의 눈높이에 어긋나지 않도록 조심, 또 조심하겠습니다. 많이 부족했습니다. 앞으로 남은 선거 기간 동안 조용히 반성하고 성찰하는 시간을 갖겠습니다. 그리고 남편이 대통령이 되는 경우라도, 아내의 역할에만 충실하겠습니다.

부디 노여움을 거두어 주십시오. 잘못한 저 김건희를 욕하시더라도,

그동안 너무나 어렵고 힘든 길을 걸어온 남편에 대한 마음만큼은 거두지 말아 주시길 간곡히 부탁드립니다. 다시 한 번 사죄의 말씀을 드립니다. 죄송합니다.

　기자회견을 지켜보면서 김건희 씨가 굉장히 여리고 착한 사람이라는 것을 느꼈다. 그런 사람을 두고 좌파들은 최순실 어쩌고 하면서 말 같지도 않은 공격을 한다. 거기에 빗대어 드센 걸로 뒤집어씌우는데, 사업을 열심히 하면 드센 것인가? 문화예술 이벤트 사업을 한 분이라서 그런지, 내 눈에는 여리고 착하신 분으로만 보였다. 어려운 결단이었고, 사과한 것에 대해서는 잘했다고 생각한다. 하지만 저자들은 사과를 안 하는데, 이쪽의 우파들은 사과를 한다. 박근혜 대통령도 사과한 후에 무너졌다. 좌파들은 아주 독한 놈들이라서 사과를 하면 '그래 됐다.' '그 정도 사과했으면 됐어.' 이렇게 쿨하게 넘어가는 법이 없다. 사과를 해도 잘못을 집요하게 파고들어서 '법적으로 가자.' '탄핵으로 가자.'라면서 공격을 한다.

　아무튼 김건희 씨가 사과를 했으니까, 지금부터가 중요하다. 사과를 한 것은 인간적인 면으로 잘 한 일이다. 왜냐하면 저자들과 비교가 되기 때문이다. 조국이나 문재인, 이재명은 각종 비리 의혹이 나올 때마다 사과를 하지 않고 뻔뻔스럽게 둘러대며 거짓말로 넘어간다. 그런 면에서 깔끔하게 사과한 것은 순간 고통스럽더라도 잘 했다고 본다. 따지고 보면 그렇게 큰 잘못이 아닌 사소한 문제이기에, 이제부터는 당당해야 한다. 너무 착해서 그런지 약간 주눅이 들어 계신 것 같다. 왜 주눅이 안 들겠는가. 일반인이고, 또 이런 일을 안 당해 보셨으니 그럴 수 있다. 하지만 지금부터는 남편과 함께 이 나라를 이끌어 갈 사람이니, 퍼스트레이디로서의 자질을 보여줄 필요가 있다.

대선 여정은 담대해야만 갈 수 있는 길이다. 김건희 씨도 지금부터는 담대하시길 바란다. 그래야 남편을 돕고, 나라를 돕고, 국민을 도울 수 있다. 지금은 처음이니까 그럴 수 있지만, 이번으로 끝내야 한다. 앞으로는 절대로 흔들리지 않아야 한다. 연약한 모습 대신 우아하고 기품 있게 담대한 여정을 떠나시길 응원한다.

의혹,
거짓으로 밝혀지다

김건희 씨의 전시 허위 의혹을 가지고 공격했는데, 18년 전 팸플릿이 등장했다. 2003년 삼성플라자 갤러리에서 열린 휴먼스케이프닷컴 단체전인데, 여기에 김건희 씨가 작가 및 기획자로 참여했음이 사실로 밝혀진 것이다. 전시 허위 의혹을 주장하는 측에서는 '삼성플라자 갤러리'를 '삼성 미술관'으로, 전시회 이름에 '인물화'를 뜻하는 'Portrait'를 'Portrate'로 잘못 표기했음을 근거로 들었다. 그러나 전시회 팸플릿을 확인한 결과, 단순한 철자법 오기인 것으로 밝혀졌다. 단순히 스펠링을 잘못 쓴 것임에도 허위라고 공격한 것이다.

이번에 찾아낸 전시회 팸플릿을 보면 비디오 부분에 단체전 이름과 김건희 씨의 개명 전 이름인 '김명신'이 기재되어 있고, 전시했던 그림과 김명신의 약력도 소개되어 있다. 그런데도 〈한겨레신문〉에서는 삼성플라자 갤러리 관장이었던 '이홍복'이라는 사람을 인터뷰해서 "김명신 작가가 출품한 전시는 본 적이 없다. 전혀 기억나지 않는다."고 주장했다. 〈한겨레신문〉에서 새빨간 거짓말을 한 것이다. 전시회 이름 철자법이 틀리면 없는 일이 되는가? 2003년에 있었던 전시회라서 기억하지 못할 수는 있다. 그렇지만 기억이 안 나면 찾아는 봐야 하지 않겠는가. 명색이 삼성플라자 갤러리 관장까지 했던 사람이 이렇게 구라를 치면 어쩌자는 건가? 있었던 사실을 없었다고 거짓말을 해서 온 나라를 발칵 뒤집어 놓은 걸 보면, 완전히 제2의 김대업 사건이다. 이 사람은 가짜뉴스를 퍼뜨린 사람이니 반드시 해명을 해야 한다.

철자법 조금 틀리고, 연도가 조금 틀리고, 기억이 조금 틀린 것을 가지고 이렇게 난리를 치는 건 너무하지 않은가? 1~2년 전 일도 아니고, 10년이 지난 일은 연도가 잘 생각나지 않을 수도 있다. 그러다 보니 김건희 씨도 이력서를 쓸 때, 이게 무슨 큰 문제가 되겠나 싶어서 기억나는 대로 썼을 것이다. 물론 하나하나 확인해서 정확하게 작성하는 게 맞다. 그렇지만 이력서를 쓰면서 2003년인지 2004년인지 헷갈려서 잘못 쓴 게 무슨 대단한 범죄행위는 아니지 않은가.

그리고 이재명 캠프에서 윤석열 쪽과는 비교가 안 되는 의혹이 터졌다. 이재명 아들이 도박과 성매매를 했다는 의혹이다. 그런데 아들도 문제지만, 이재명이 아들을 감싸느라고 거짓말을 한 게 더 큰 문제다. 미국의 닉슨 대통령이 탄핵을 당해서 물러났는데, 그가 왜 물러났는가? 그 당시 공화당 후보로 선거운동을 했는데,

자기는 모른다고 발뺌을 했다가 사실로 밝혀지는 바람에 사퇴한 것이다. 도청 때문에 사퇴한 게 아니라, 거짓말 때문에 사퇴한 것이다. 그런데 이재명은 아들이 성매매 한 사실을 알았으면서 몰랐다고 한 정도가 아니라, 이렇게 얘기했다.

"확인을 해 봤는데, 성매매 사실은 없었다고 한다. 본인이 맹세코 아니라고 하니, 믿을 수밖에 없다."

그러면 확인을 했다는 것인데, 2019년과 2020년에 그의 아들이 온라인 포커 커뮤니티 사이트에 올린 게시물이 공개되면서 사실로 드러난 것이다. 〈조선일보〉에서 취재를 했는데, 이재명의 아들이 '10월 1일 오후 9시 18분 유흥업소 다녀왔다'라는 제목으로 글을 올렸다고 한다. 이재명 아들이 쓴 글은 이렇다.

'술 처먹고 위닝(도박에서 이겼다는 속어)한 돈으로 6바인(도박 참가비)어치 유흥하고 왔다. 친구도 사줬다. 너들도 위닝해서 여자 사 먹어라. 그럼 20000(이만).'

'여자 사 먹어라' 하면 성매매를 했다는 것 아닌가? 본인이 자백을 한 것이다. 그 외에도 이재명 아들의 성매매 사실을 확인할 수 있는 글이 여러 온라인 커뮤니티에서 확인된다. 그 당시에는 이런 일이 터질 줄 모르고 썼을 것이다. 그런데 이런 사실을 확인하고도 이재명은 "확인을 했으나, 성매매 사실이 없었다고 한다."라고 말하면 안 되는 것 아닌가. 이게 바로 닉슨이 그랬던 것처럼 이재명이 사퇴해야 하는 이유다. 아들이 성매매와 도박을 한 것도 문제지만, 후보자 본인이 "확인을 해 봤는데, 성매매 사실은 없었다고 한다."라고 했기 때문에 닉슨과 같은 논리로 사퇴해야 한다는 것이다.

이제는 양쪽에서 다 나왔다. 윤석열 후보 부인 김건희 씨에 대한 의혹도 나오고, 이재명 후보 아들 의혹도 나왔다. 오늘 아침에 발표된 지지율 조사 결과를 보면, '구라미터'인데도 불구하고 윤석열 후보가 44%, 이재명 후보가 38%로 나왔다. 지난주에 김건희 씨 관련 각종 의혹이 언론에 보도됐는데도 오차 범위 밖인 6.4%로 벌어진 것이다. 윤석열, 이재명 양쪽의 의혹이 모두 보도된 상황에서도 지난주에 비해 차이가 더 벌어졌다는 건 뭘 뜻할까? 이제라도 이재명 후보는 사퇴해야 한다. 대한민국 대통령을 뽑는데 쪽팔리지도 않는가.

미국에서는 도청한 것을 몰랐다고 거짓말한 대통령도 사퇴를 했는데, 도청도 아니고 자기 아들 성매매와 도박을 확인해 봤는데 그런 사실이 없었다고 거짓말한 사람이 이런 식으로 나오면 안 되는 것 아닌가? 김건희 씨는 이력서와 관련해서 석연치 않은 게 한두 가지 있었지만, 단순한 연도 착오와 스펠링을 잘못 쓴 것에 불과했다. 게다가 전시회 의혹도 사실로 확인됐다. 따라서 거짓말한 이재명 후보는 사퇴하는 것이 순리임을 알아야 한다.

새로운 영부인 상으로
국민에게 다가서라

유명한 사람의 글이나 평론을 소개하는 〈유평〉 시간. 오늘은 〈자유일보〉 김성회 객원 논설위원이 "2조5,000억 전시회 성공 사업가가 '쥴리…?' 말도 안 돼"라는 제목으로 김건희 씨를 인터뷰한 글을 원문 그대로 소개한다.

지난 11월 15일, 서울 서초구 한 식당에서 필자는 윤석열 후보 부인인 '코바나컨텐츠' 김건희 대표를 만났다. 그녀를 보자마자 눈이 번쩍 뜨였다. 50이라는 나이라고 도저히 볼 수 없을 정도로 젊은 여성이었기 때문이다. 아무리 많이 보아도 30 중후반을 넘지 않아 보였다. 마주 앉아서 약간 긴 단발을 쓸어 올리는 것을 보니, 한눈에 봐도 눈에 뜨일 미인형 얼굴이었다. 눈도 컸지만, 뚜렷한 이목구비가 시원시원한 느낌을 줬다.

그런데 그건 시작이었다. 김건희 대표가 입을 열자, 또 한 번 놀랐다. 왜냐하면 가녀릴 것으로 기대했던 음색이 보통 여성과 달리 굵었기 때문이다. 마른 체격과 뚜렷한 이목구비, 그리고 털털한 옷차림에 시원시원한 말투를 듣다 보니 전형적인 커리어 우먼, 사업가 스타일이었다.

실제 이야길 듣다 보니, 보통 사업가 못지않게 배짱도 두둑해 보였다. 보험금만 해도 2조5,000억 원짜리 마크로스코 작품 전시와 2조1,000억 원 규모 자코메티전을 성사시키고 성공시킨 사업가였다는 것을 금방 이해하게 됐다. 그 자리에서 김건희 대표는 말했다.

"애초부터 숨기거나 감추질 못하는 성격이다."

"또 일을 꾸미고, 만드는 것을 좋아하지만, 나서는 것은 정말 좋아하지 않는다."

레인보우합창단을 운영하면서 문화예술 분야에서 일하는 사람들을 익히 보아 온 필자는 김건희 대표의 말이 금방 이해됐다. 왜냐하면 음악을 하는 사람들, 특히 노래를 부르는 사람들은 자신이 무대에 서길 좋아한다. 하지만 미술을 하는 사람들은 다른 사람들이 설 무대를 꾸미고 만들길 좋아한다. 그래서 음악을 전공한 문재인 대통령 부인인 김정숙 여사나 이재명 후보 부인인 김혜경 여사는 나서길 좋아한다. 반면에 김건희 대표는 정반대 성격인 듯싶었다.

그리고 음악을 전공한 사람은 무대에 서기 위해 깔끔을 떤다. 반면 미술을 전공한 사람들은 물감 등으로 지저분해질 수밖에 없는 환경에서 일하기 때문에 털털한 경우가 많다. 김건희 대표의 성격도 그런 것 같았다. 그래서인지 윤석열 후보가 대통령이 된다면, 뒤에서 꾸며 주는 것을 좋아하는 커리어 우먼으로서의 김건희 대표 스타일이 크게 빛을 발할 것이라는 생각이 들었다.

그 자리에서는 우연찮게 '쥴리'에 대한 이야기도 나왔다. 김 대표는 "한 마디로 말도 안 되는 이야기"라고 잘랐다. 아닌 게 아니라, 남자친구 같은 털털한 스타일의 굵은 목소리와 유흥주점 접대원이라는 말이 연결되지 않았다. 무엇보다 김건희 대표의 아버지는 공무원이었고, 친정집의 재력도 100억 원대 이상 가는 규모였다고 한다. '유흥주점 접대원'을 할 이유가 없었던 것이다.

이미 민주당은 김대업을 내세워 거짓 선동을 하고, 발병 확률이 1억 분의 1도 안 되는 광우병을 가지고 청산가리를 털어 넣는 것과 같다고 거짓 선동을 한 전과가 있는 집단이다. 김건희 대표는 조 단위의 보험금 까지 걸며 미술품 기획 전시를 밀어붙일 정도로 배짱을 가진 인물이었다. 민주당의 조작 선동이 얼마나 혹독했으면, 그런 김 대표 입에서 "죽고 싶었다"는 소리까지 나왔다. 검증이라는 미명 하에 거짓말을 퍼뜨리고, 한 여성에 대한 인격 살인행위를 마구 저지르고 있는 사람들. 그 모습을 보며 '언론자유'라는 미명 하에 저질러지는 조작과 폭력에 기가 막혔다.

만남이 끝나자, 김건희 대표는 남의 눈을 의식해 몰래 혼자 식당을 빠져나갔다. 그 뒷모습을 보며 '사회의 공기'라는 언론의 책임을 다시금 생각했다. 정치 공세를 하는 사람들의 말을 받아쓰기 바쁜 언론, '언론자유'라는 이름으로 저질러지는 인권 말살에 대해 언론이 보다 심각한 책임을 느꼈으면 한다. 때로는 칼보다 더 날카롭고, 더 가혹한 펜을 가진 사람들이 좀 더 "진실 앞에 겸손하고", "인간에 대한 예의"를 갖추길 기대한다. 그리고 1%의 진실에 99%의 거짓이 더해진 마타도어, 거짓 선동에 더 이상 국민들이 현혹되질 않았으면 좋겠다. 거짓선동 조작에 휘둘려 선택된 나라의 운명이 너무도 가혹할 것이기 때문이다.

인터뷰 글에서도 언급했지만, 김건희 씨가 기획한 전시회는 역대급 전시회라는 얘기를 들었다. 전시 작품의 보험금액만 2조 원이 넘을 정도로 작품의 값어치가 엄청나다고 한다. 김건희 씨는 그런 엄청난 전시회를 한국에서 성공시킨 사람이다. 대기업 삼성이나 이런 데서 할 일을 김건희 씨가 해낸 걸 보면 대단한 기획력이고, 대단한 배짱이 아닐 수 없다. 그녀의 사업 수완과 배짱, 기획력에 대해서는 커리어 우먼으로서의 능력을 인정해야 된다고 본다. 그런데 전시회 제목의 스펠링이 틀렸다고, 이력서에 쓴 연도가 조금 틀렸다고 공격하는 건 너무하지 않은가? 그 당시의 전시회 팸플릿이 공개되어 의혹이 밝혀졌고, 이력서 연도 표기도 단순 오기인 것으로 밝혀졌는데도 말이다.

그리고 쥴리 의혹을 제기했을 때, 쥴리가 아니라는 걸 나는 단번에 알았다. 나도 왕년에는 그쪽 바닥에 많이 갔던 사람으로, 그 당시에는 김건희 씨 정도의 커리어를 가진 사람이 나온다는 건 상상할 수가 없었다. 손님으로는 갔을 수 있겠다. 그런데 진짜 쥴리가 그 유흥업계에서 일했다는 사실이 밝혀졌다. 지금은 하와이에서 토킹바 사장으로 일하고 있으며, 자기가 '쥴리'라고 하면서 과거에 어떤 검사와 동거도 했었다고 한다. 그런데 검사, 쥴리, 강남 유흥업소, 얼굴 예쁘고 이런 게 겹치니까 김건희 씨에게 뒤집어씌운 것이다. 한 마디로 말도 안 되는 공격을 한 것이다.

이런 공격을 받는 김건희 씨가 참으로 안타깝다. 김건희 씨도 속상하고 열이 받겠지만, 견뎌내야 한다. 남편이 나라를 구한다는데, 이 정도는 참고 같이 구해야 하지 않겠는가. 그러나 잘못된 팩트로 공격을 받을 때는 그 즉시 바로잡아 줘야 한다. 요번에 전시회 팸플릿을 내놓은 것처럼 증인을 내세우든지, 사진을 내놓든지, 서류를 내놓는 식으로 자료를 준비하여 대응하는 것이 바람직하다. 윤석열 후보나 김건희 씨는 섭섭하고 속상하더라도 참고 이겨나갔으면 하는 마음 간절하다.

나는 요즘 그런 생각을 한다. 다듬어지지 않은 김건희 씨의 모습이 오히려 매력적인 영부인 캐릭터로 국민에게 다가설 수 있지 않을까? 육영수 여사가 퍼스트레이디의 대표적인 성공 사례이지만, 그 시절에는 그런 국모가 있었고 지금 시대에는 김건희 씨처럼 털털하고, 솔직하고, 꾸밈없는 캐릭터가 더 다가올 수도 있다.

새로운 스타일의 매력적인 영부인 상을 기대해 본다. 주눅들지 마시고 '파이팅!' 하시길.

7장_윤석열의 생존법

달빛을 베다
협객 윤석열 칼 뽑았다

강호의 고수를 만난 기분이 드는 글 하나를 소개하겠다. 나도 소싯적에 손자병법과 삼국지 같은 무협지를 좋아했는데, 글을 쓰신 이분이 무협지나 전술의 대가라는 생각이 든다.

||||||||||||||||||||||||||||||||||||||||||||||||||||||||||||||||||||||||||||||||||||||||||||||

제목: 달빛을 베다(月光斬) 12월 9일

경자년(庚子年) 올해는 참 중요한 한 해다. 설을 쇠면서 많은 이야기가 있었을 것이다. 국가의 존망에 관한 이야기들도 많이 했으리라. 여기 참 재미나고 교훈이 될 만한 글이 있어 혼자 보기 아까워 전한다. '붉은 수수밭'으로 유명한 중국의 노벨 문학상 수상 작가 모옌(莫言)의 소설 가운에 '월광참(月光斬)'이 있다. 직역하면 '달빛을 베다'이다. 여기 등장하는 월광참도(月光斬刀)는 피를 내지 않고도 사람의 목을 벨 수 있는 칼이다.

신묘한 쇳덩어리에 대장장이 스스로 자신의 피를 떨구는 피의 제사를 지낸 후 지옥 불보다 뜨겁게 달구어 두드리고 또 두드려 만든 것이 월광참도(月光斬刀)다. 그 얼마나 날 선 칼이면 베어도 피가 나지 않을 정도이겠는가.

작금의 대한민국에 그 월광참도를 들고 홀연 등장한 협객(俠客)이 있으니, 다름 아닌 검사장 윤석열이다.

조국 수사에 이어 문(文)이 형이라는 울산시장 선거 관련 청와대 압수수색은 그의 월광참도가 잠시나마 번쩍거린 예광이었다. 마치 칼집에 꽂혀 있던 칼을 살짝 들어 올려 그 차갑게 날 선 칼 빛만으로 상대를 제압하듯 청와대에 대한 압수수색은 문재인의 가슴에 들이댄 비수였으리라! 그러니 그 칼을 무디게 하려고 무림 지존을 자처하는 지존파들은 오만 가지 못된 짓거리를 다 하고 있다. "이게 나라냐" 싶을 만큼 하루도 바람 잘 날 없는 오늘의 대한민국은 그야말로 한편의 무협지를 보는 듯하다. 만약 지난해 94세를 일기로 타계한 무협의 신필(神筆) 진융(金庸)이 살아 있었다면 최소 열 권짜리 대하 장편 무협지를 작금의 대한민국을 무대로 썼을지 모른다.

여황제(女皇帝) 박(朴)이 좌파들이 쳐 놓은 덫에 걸려 어처구니없는 몰락 이후 그러니 비어있던 옥좌(玉座)에 정말이지 로또 당첨처럼 덜커덩 앉아버린 달빛 황제 文 씨의 난정(亂政)이 계속되니 월광참도를 지닌 협객 윤(尹)이 文이 선택한 文의 남자에서 청와대 안 내시 패거리의 숱한 횡포들을 보다 못해 오늘의 자신을 있게 했던 황제 文을 향해 날 선 칼을 들이대는 놀라운 반전(反轉)에 반전이 거듭되는 모습이니 참으로 강호의 무림 세계는 모를 일이로다.

달빛 황제 文이 협객 尹을 날 선 무사들의 대장으로 세운 것이 불과 다섯 달 전인데 당시 사태가 이렇게 전개되리라 생각한 사람이 과연 몇이나 있었을까? 황제 文이 협객 尹을 중용한 것은 그 자신의 실수나 실책이기보다는 운명인지 모른다. 달빛 황제 文은 '재인(在寅)'이란 이름 석 자에서 보듯 호랑이를 지니고 있다. 文士(문사)가 호랑이 등을 탄 형국이다. 文의 관상은 다분히 소(牛)다. 본래 소와 호랑이는 천적 지간이다. 관상은 소(牛)인 사람이 이름자 '在寅'에는 호랑이인 범인(寅) 자를 지녔으니 자기 천적을 스스로 업고 다니는 형국이지 않은가?

결국, 협객 尹이 소(牛)를 닮은 달빛 황제 문의 급소를 치는 호랑이인 셈이 되는 것 같다. 더구나 지난 2019년 기해년(己亥年) 한해 달빛 황제 文의 운세는 12 운성(運星)의 '태(胎)'에 해당하여 '갇히고 고립되어' 지극히 외로운 운세였단다. 여황제 朴이 2016년에 딱 그러했듯이 말이다. 그런데 올 2020년 庚子年 文의 사주팔자(四柱八字) 운세는 12 운성의 절(絶)에 해당한단다. 갇히고 고립되는 것을 넘어서 '끊고 내쳐지는' 형국이란다. 그래서 그런지 庚子年이 들어서자 추(醜) 한 여자 검객 추(秋)를 급히 데려와 진짜 검객 尹을 몰아 쇠창살에 가두어 버렸다. 달빛 황제 文은 세상이 요동치는 가운데 비어 있던 옥좌에 슬쩍 얹히듯 오르긴 했으나 자기 힘으로 오른 것이 아니었음이 여실히 증명되기도 한다. 명나라를 망친 만력제 때 불알 없는 내시 '십상시'는 뺨 맞고 갈 지경이다. 내시 윤건영이 "청인사들이 총동원되어 진보가 과반 차지해야 한다"라며 대놓고 나팔을 분다. 그리고 그 내시는 구로동에 둥지를 튼다고 한다. 이것이 현실이다.

문가 그를 옥좌에 떠밀다시피 올려놓은 졸개들은 역시 전투다운 전투도 하지 않은 채 성을 장악해 여황제 박이 버리다시피 남겨놓은 전리품들이 성안에 발에 채듯 널려 있자, 그것을 게걸스럽게 집어먹기에 바쁘고 바쁘다. 이제는 온 천하를 다 쥐었으니 아예 반대파 싹을 다 잘라버리겠단다. 그들은 너 나 할 것 없이 똘똘 뭉쳐서 잘 돌아가는 세계 1등 기술의 원자력 발전을 중단시키고, 태양광발전, 2차 전지, 스마트시티 등으로 포장된 각종 이권에 빠져들어 흥청망청 어지럽게 돌아가며 허인회 등등 자기편을 이곳저곳 곳곳에 흩뿌리듯 사정없이 뿌리고 쑤셔 박아 단물을 뒤에서 쫄쫄 빨아 총선자금을 준비하고 있었다.

그런데 그 과정에서 그들이 그토록 표방했던 '공정'의 깃발은 빛이 바래다 못해 찢긴 지가 오래였다. 이른바 유재수 감찰 무마 사건을 통해 드러난 바이지만, 달빛 황제 문의 최측근이라 할 조무래기 무사들, 백건우 윤건영과 김경수가 공식 인사 라인이 아닌 천경득과 유재수를 통해 금융권의 인사를 쥐락펴락 한 정황은 그들 네 명으로 구성된 텔레그램 대화방을 통해 이미 드러나 있다. 청와대 내부의 인사관리에 국한해야 할 총무비서관실 선임행정관 천경득이 어째서 청와대 바깥 인사까지 장기판의 차(車), 포(包) 치듯 인사 전횡에 나섰던 것인지 도무지 이해가 안 된다. 청와대 인사수석은 허수아비였고 총무비서실의 일개 행정관이 이를 뛰어넘어 사인방의 일원으로 인사를 쥐락펴락했으니 그토록 '공정, 공정!'을 강조했던 달빛 황제 文 씨의 얼굴이 '흙빛'이 될 수밖에 없으리라.

이게 어디 금융권만이었겠나. 이러니 최순실은 그야말로 새 발의 피였다. 이건 남자 '최순실'이 하나도 아닌 여럿이 아예 청와대 안에 상주한 것이나 진배없는 일 아닌가. 제 철책 우리 안에 갇힌 호랑이 신세가 되었지만, 윤석열은 '협(俠)'의 정신을 지닌 이 시대의 협객(俠客)임은 틀림이 없다. 협(俠)의 정신이란 대의를 위하여 자신을 버릴 줄 아는 사신취의(捨身取義)의 정신이다. 달리 말해 천하의 근심을 먼저 근심하고 천하의 기쁨은 나중에 기뻐하는 자세다. 그런 그를 보노라면 이순신이 겹친다. 변경 녹둔도에서 만호로 떠돌다 종6품 정읍현감에서 수직으로 상승해 정3품 전라 좌수사를 거쳐 삼도수군통제사에 올라 왜적에게 무너지는 조선을 홀로 떠받치고 있다가, 다시 선조 임금에 의해 역적으로 내몰려 죽음의 문턱에 이르렀으나 백의종군한 후 배 13척으로 적선 330척을 멸절시킨 명량대첩을 이뤄내고 끝내 노량해전에서 스스로 생을 마감한 충무공과 닮아 보인다. 그래서 협지대자(俠之大者), 즉 협(俠)의 대의가 있는 이는 시절이 위국위민(爲國爲民), 곧 나라를 위하고 백성을 위하는 것이리라. 시절이 아주 수상하게 요동칠수록, 시대가 더없는 난세의 수렁으로 빠져들수록 강호의 무협은 되살아난다.

'인재강호(人在江湖) 신불유기(身不由己)'라 했다. 사람이 강호에 있으면 그 몸은 더 이상 제 것이 아니다. 협객 尹도 마찬가지다. "목숨에 기대지 말지어다. 살고자 하면 죽고 죽고자 하면 사는 것이다." 이순신이 한 말이다. 요즘 기생충이란 영화가 전 세계의 화제가 되고 있다. 숙주에 빨대 박고 빨아먹는 기생충은 오늘의 좌파들의 민낯을 보는 듯하다. 지존파에 기생하는 쓰레기 조국 등을 빗댄 것 같다. 그래서 지존파들은 영화 기생충이 뜨는 걸 곱지 않은 시선으로 본단다. 때론 영화가 역사이고, 무협이 미래다. 지금은 우리에 갇혀있지만, 협객 尹의 월광참도(月光斬刀)가 달빛을 베는 광경을 곧 볼지도 모르리라!

―――

이 글은 2020년 4.15 총선 전에 작성된 것 같다. 추미애 전 장관과 조국 전 장관이 나오는 걸 보니 윤석열 후보가 청와대를 향해서 압수수색을 펼칠 때일 것이다. 그래서 윤석열 후보가 무협지에 나오는 달빛을 베는 검, 월광참도를 가지고 문재인 대통령을 벨 것이라고 예측을 하면서 쓴 것이다. 이 월광참도로 슬쩍 베긴 하였으나 뜻을 이루지 못하고 정치권으로 나온 형국이 됐다. 그리고 우여곡절 끝에 문재인 대통령을 벨 야권의 리더, 대통령 후보가 됐다. 문 대통령은 흘러가 버리는 세력, 흘러가는 호랑이이며 윤 후보는 호랑이 등에 타다가 호랑이를 칠 기세로 달려들었다.

월광참도(月光斬刀), 피를 내지 않고도 사람의 목을 벨 수 있는 칼을 지닌 윤석열 후보. 글을 쓰신 분의 예측보다 약간은 후퇴했지만 후퇴한 척 보일 수 있다. 월광참도는 아직 가지고 있기 때문이다. 그러나 이때 당시의 날쌔게 칼을 슬쩍 뺐다가 칼집에 집어넣은 강렬함이 보이지 않는다는 아쉬움은 있다. 현재는 약간 후퇴하면서 호랑이몰이를 하고 있다. 호랑이를 잡으려면 이준석 대표나 김종인 위원장과 같은 몰이꾼들이 마음에 안 드는 부분이 있더라도 품고 가야 한다. 일단 호랑이를 때려잡고 볼 일이다. 문재인 대통령과 이재명 후보라는 두 마리 호랑이를 때려잡고 보자. 몰이꾼들과 밀고 당기고 슬쩍 지는 척하면서 협력을 하면서 다 같이 가자고 하면 된다. 현재로서는 칼을 빼는 척을 안 하고 있는데 앞으로 월광참도를 빼서 단칼에 두 마리 호랑이를 벨 수 있을 것이다. 아직 희망은 있다.

두견새 울면?
윤석열식 처세술

　윤석열 후보가 12월 24일 강원도 철원에 있는 군부대에 갔는데, 기자들이 김종인 위원장의 네거티브를 중단하자는 제안에 대하여 견해를 밝혀 달라고 했다. 그런데, 윤석열 후보는 생각이 다르다며 바로 치고 나왔다. 그 제안이 바람직한 이야기이긴 하지만 한국 정치사에서 그런 적이 없었다며 회의적인 반응을 보였다. 일방적으로 네거티브를 하는 것이 아닌데, 저쪽에서는 자기 부인의 별것 아닌 걸 가지고 물어뜯고 있지 않은가? 저쪽의 비리는 역사의 유례가 없을 정도로 나오는 데 동등하게 없애자는 게 말이 안 된다는 것이다. 예를 들어, 나는 호텔 뷔페를 사줬는데 저쪽은 라면 하나 사주고 생색내면 어떻겠나? 서로 밥을 사준 것은 맞지만 호텔 뷔페와 라면은 같을 수가 없다. 비슷한 조건으로 무게가 맞아야 하지 않은가!

　윤석열 후보의 이러한 태도는 김종인 위원장을 따르지 않겠다는 뜻을 분명히 한 것으로 보인다. 김종인 총괄선대위원장이 태클을 걸 때 윤석열 후보가 그것을 장악할 힘이 있으면 문제없다. 김종인 위원장을 받아들이는데 꺼림칙한 것도 있지만 캠프 전망 좋은데 모셔놓고 다른 소리를 하면 '나는 생각이 다릅니다.'라고 하면서 치고 나가면 된다. '국민의힘'에서 잡음이 나온 것은 윤석열 후보가 용광로 안으로 다 끌고 가려고 해서 그런 것 아니겠는가? 이준석 대표와 김종인 위원장을 비롯한 모두를 끌고 가고 있다고 본다. 문제는 이준석 대표를 비롯한 '국민의힘'과 김종인 위원장을 필두로 하는 선대위다. 그런데도 그들을 품고 가는 윤석열 후보에 대한 개인 기량과 철학은 신뢰가 간다. 캠프 안에서 생기는 불협화음이 나오는 것이 문제지만 윤석열 후보는 뚝심이 있고 통 크게 가고 있어서 괜찮다.

또한, 김종인 위원장은 '내각제가 훨씬 효율적'이라며 대통령제의 근본적인 변화가 필요하다고 언급했다. 이것에 대해 윤석열 후보는 "김종인 박사의 오래된 소신이라고 생각합니다. 저는 특별한 의미를 안 둡니다."하면서 선을 그었다. 대통령제를 지키는 것이 중요하지 개헌은 생각 없다고 했다. 김종인 위원장의 숙원은 의원내각제다. 그가 내각제를 원하는 이유는 대통령제는 대통령이 전권을 발휘하지만, 내각제에서는 의원들의 세력에 의해서 결정되기 때문이다. 김무성 전 의원, 유승민 전 의원, 이준석 대표와 같은 사람들이 세력을 갖고 있으면 집권한 것과 비슷하다. 일본의 장기 집권 여당인 자민당에서 누군가를 수상으로 내세웠다가 내쳤다 하는 것처럼 말이다. 이처럼 의원내각제를 하면 김종인 위원장이나 김무성 전 의원 같은 인물들이 자신이 상왕과 같은 힘을 가질 수 있다고 보는 것이다. 지금은 막후 실력자인데 자신이 밀어주는 그 사람이 대통령이 되고 나면 버림당할지도 모르니까 말이다. 대통령을 만들어줘도 계속 막후실력자나 상왕으로 살아보겠다는 것으로 보인다. 지금 80세가 넘으셨는데 100세까지는 뒤에 누워서 조종하고 싶다는 꿈을 꾸는 것이다. 하지만, 윤석열 후보는 바로 선을 긋는다. "저는 대통령제를 선호합니다."라며 의원내각제는 그분의 오랜 생각이지 나와는 상관이 없다고 끊었다. 이런 거 보면, 윤석열 후보는 강단이 있는 사람이고 쉽게 흔들릴 사람이 아니라는 걸 알 수 있다.

얼마 전 조수진 의원과 이준석 대표가 대판 싸운 일이 있었다. 이준석 대표가 조수진 의원에게 "왜 내 말을 거역해요?" 그러니까 "나는 윤석열 후보의 말을 듣습니다. 내가 왜 당신의 명령을 받아야 해요?"라고 했다는 것이다. 그러자 이준석 대표가 책상을 치고 나갔다. 이러한 불협화음에 대해서 기자들이 어떻게 생각하는지 물어봤다. "정치를 하다 보면 같은 당이나 선거조직 안에서 생각이 다를 수도 있죠. 어떻게 군사작전 하듯이 일사불란하게 가겠습니까? 그게 바로 민주주의 아니겠습니까?"라고 기자들에게 말해주었다. 윤석열 후보는 이렇게 포용하면서 끌고 가고 있다. 그리고 12월 24일 '새시대준비위원회'에 페미니스트 신지예 씨를 영입했다. 그것은 이준석 대표의 힘을 쭉 빼려는 의도로 보인다. 예전에 페미니즘과 반 페미니즘으로 서로 라이벌 구도를 가졌던 적이 있지 않은가. 그것에 대해 모르는 척할 테니까 이준석 대표를 견제하고 태클도 하라는 의미의 포석을 둔 것으로 보인다.

현재 윤석열 후보는 당근과 채찍을 함께 쓰면서 포용의 힘으로 나가고 있다. "제가 말씀드렸듯이 99가지가 달라도 정권교체만 일치하면 손잡고 모두 동행해서 가는 겁니다. 압도적인 정권교체를 위해서 가주시죠."라고 역설하고 있지 않은가! 그동안 우리들은 윤석열 후보가 김종인 위원장과 이준석 대표의 리스크에 휘둘려서 리더십에 상처를 받고 바지사장이 될지도 모르겠다는 우려를 했었다. 하지만, 김종인 위원장을 은근슬쩍 내치고 이준석도 어느 정도 휘감고 있어서 그의 리더십을 크게 거정하지 않아도 될 것 같다.

'권력 개혁위'
신의 한 수

제왕적 대통령제를 바꿀 '권력 개혁위'를 띄운다고 한다. 우리나라는 청와대 대통령과 수석을 중심으로 권력이 집중되어 있었다. 장관 이하 밑의 부서들이 다 청와대만 바라보고 있다. 대통령제를 악용하는 측근들이 온 나라를 장악하려고 했기 때문이다. 이것이 국민이 완전히 주인이 되는 권력 개혁 위원회가 필요한 이유다. 헌법에도 국민이 주인이라고 명시되어 있는데, 그렇게 안 하고 청와대 핵심 관계자들이 주인 행사를 한 것이 문제였다. 이 힘을 분산하고 내려놓을 수 있도록 하겠다는 것이다. 대통령 권력을 내려놓는 프로젝트이며 윤석열 후보가 스스로 대통령의 권한을 내려놓겠다는 것이다. 기존 헌법과 법률을 유지하면서 권력 구조를 개편할 수 있다.

윤석열 후보는 약속을 지킬 사람이다. 그동안의 행실을 보면 고집스럽게 약속을 지켜왔다. 반면에 이재명 후보도 문재인 대통령도 약속을 지키는 법이 없다. 취임사에서 약속한 것 중에 지켜진 것이 하나라도 있는가? 하나도 안 지켜졌다. 공정과 정의를 부르

216

짖으면서 정작 그에 대한 것은 하나도 지키지 않았다. 사무실을 광화문으로 옮긴다고 하더니 나오기는커녕 광화문을 탄압했다. 역사상 이렇게 광화문을 철통 봉쇄하고 통제한 정권은 없었다. 군사정권 때도 집회할 수 있었다. 그런데 이놈의 정권은 코로나 핑계로 집회를 못 하게 한다.

윤석열 후보는 기존의 '제왕적 대통령제'에서 '작은 청와대' 개념으로 바꾸겠다고 한다. 윤 후보는 문제의식을 제대로 가진 것 같다. 그동안 대통령의 권한이 너무 남용되었다는 것을 알고 있다. 대통령 권력이 모든 것을 좌지우지했으며 각종 폐단의 원인이 되었다. 대통령과 그의 측근 핵심들이 온 나라를 장악해버렸다. 따라서, 윤 후보는 새로운 제도를 만들기보다는 현행 헌법정신에 부합하지 못하고 과도하게 남용된 권력을 제자리로 옮겨 놓겠다는 것이다. 청와대 조직을 축소하고 기존의 정부 부처가 할 일은 부처가 하도록 한다. 지금까지는 청와대가 그것을 다 관리 감독을 했는데 그 힘을 빼겠다는 것이다.

윤석열 후보가 검찰총장 출신이라서 그 폐해를 잘 안다. 그는 청와대 사정 기능인 민정수석실을 폐지하는 공약을 이미 밝혔다. 이것도 그 연장선에 있다. 민정 수석이 검찰과 경찰과 같은 사정 기관의 라인을 장악하고 휘두른 것이 문제가 됐다. 검찰의 일은 검찰에게 맡기고 경찰의 일은 경찰에게 맡겨야 한다. 청와대에서 제왕의 권한으로 제어해서 문제가 생긴 것이다. 그래서 다들 청와대 눈치만 보고 잘 보이려고 하니까 권력 핵심부에 대한 수사가 안 되는 것이다. 자신도 그 힘에 당했기 때문에 잘 안다. 윤석열 후보가 검찰 총장이던 시절 그를 찍어 내리기 위해 검찰과 법무부가 총동원되었다. 검찰은 검찰 본연의 자세로 죄 있는 사람을 기소하고 수사하는 것이다. 하지만, 죄가 없어도 청와대에 밉보인 사람을 수사해서야 되겠는가? 잘못이 있는데 청와대에 잘 보인 사람은 덮어 주어서는 안 될 일이다.

이렇게 내려놓은 청와대의 권력을 집권 전에서부터 나눌 필요가 있다. 예를 들어, 후보 단일화를 할 때부터 약속하는 것이다. 유럽이나 일본에서도 연립정부 많이 하고 있다. 한국도 그렇게 할 필요가 있다. 김대중 대통령도 대선 후보 시절에 김종필 총재와 DJP 연합을 만들고 당선 후에 총리를 시켜주지 않았는가. 그런 식으로 안철수 후보와 물밑 협상을 하면서 "이번에 정권 탈환이 지상 최대의 목표 아닙니까? 당신과 나의 목표는 그것 아닙니까? 당신이 맡아서 총리를 해주십시오. 당선 후에 청와대에서 총리의 일에 대해 일일이 관여하지 않겠습니다." 이렇게 아름다운 단일화를 하자는 것이다. 그러면 대통령 선거 하나마다 이기게 된다.

그런데 이준석 대표와 김종인 위원장은 안철수 후보를 미리 배척하고 있다. 단일화 필요 없다고 하면서 윤석열 후보에게 무조건 양보하라면서 윽박지르고 있지 않은가! 지난번 대선때, 홍준표 후보와 안철수 후보가 나뉘고 표 갉아먹어서 문재인 후보한테 정권 갖다 바치지 않았던가? 이번에는 그와 같은 잘못을 해서는 안 된다. 단일화를 넘어선 연합정부로서 같이 통치를 하자고 제안해야 한다. 내가 대통령이 되면 당신은 책임총리를 시켜주겠다고 하는 것이다.

또한, 김동연 후보에게도 "경제 전문가니까 경제 부처에 자리 하나 맡겨줄 테니 함께 단일화합시다." 그러면 될 것 아닌가? 그렇게 하면 이 '권력 개혁위' 프로젝트에도 맞고 잘 될 것이다. 이 부분을 선거에 활용하면서도 단일화까지 이용하는 것이다. "내 힘을 당신에게 주겠소, 이리 와서 같이 합시다." 하면서 대통령의 힘을 빼고 나눠서 총리와 장관들에게 실질적 권한을 부여하면 된다.

다시 한 번 강조하겠다. '국민의힘'은 권력을 독식하지 말아야 한다. 무슨 자격으로 독식을 하려 하는가? 4.15 총선도 패배했는데 입이 열 개여도 할 말이 없다. 문재인 정권의 폭정을 막았나? 김종인 위원장도 4.15 총선 대장이었지만 패장이지 않은가? 노원에서 3번이나 낙선한 이준석 대표는 무슨 자격이 있는가? 안철수

후보를 모셔야 한다. 그래야 대통령 권한을 내려놓는 프로젝트가
진정성이 있다. 윤석열은 다르다는 것을 대통령 되기 전에서부터
보여 달라는 것이다. 안철수 후보를 총리로 모시고 공동정부를 추
진하는 것이다. 순수하게 법률과 헌법에 맞게 대통령이 힘을 빼고
뺀 힘으로 연합 정부를 구성한다고 하면서 단일화로 아름답게 하
여 압도적인 정권 교체를 해야 한다.

윤석열과 김한길,
큰 그림 그린다

다음은 이정현 전 국회의원과의 대담이다.

이봉규: 여당 쪽에서 김건희 여사에 대한 공격이 많다. 왜 나오지
않느냐면서 얼굴에 대해서도 평가도 하던데 어떻게 생
각하는가?

이정현: 윤석열 후보 측에서 할 얘기가 있는 것이지 민주당이 할
말이 아니다. 윤석열 후보는 이재명 후보와 민주당이 선
거 운동을 어떻게 하라고 개입과 간섭과 코치를 하지 않
는다. 당신들의 코치에 대해서 원치 않는다. "너희들이
나 잘해."라고 말하고 싶다. 후보 간에 지켜야 할 금도가
있다. 대통령 부인, 국회의원 부인, 시장과 도지사 부인
은 선출된 권력이 아니다. 선출된 권력이 아닌 것에 대해
서 지금 민주당이 이렇게 얘기하는 것도 도리가 아니다.
이쪽도 할 얘기가 없어서 안 하는 것이 아니다. 정치, 선
거, 공직에 관한 부분에서 가족들의 문제를 억지로 만들

어서 공격하는 것은 금도가 아니기 때문에 하지 않는 것이다. 윤석열 후보가 두렵고 무서운가? 윤석열 후보 개인을 끌어 내려서 대통령 자격이 없다고 하는 게 힘에 부치는가? 그래서 주변 사람들을 괴롭히겠다 하는 것인가? 이것은 적절하지 않다.

민주당은 그동안에 해왔던 일들을 계속하고 자기들이 지켜온 가치를 지켜라. 외모에 대해서 윤석열 눈 높은 사람이라고 들었다. 나이 50이 되도록 괜찮은 사람 고르려고 장가를 안 갔다고 한다. 그분과 같이 근무했던 사람들이 많은 사람을 소개해줬다고 한다. 고르고 골라서 선택한 사람이다. 그에 대해서 추미애 전 장관이나 손혜원 의원이 얼굴 평가를 하며 공격한 것으로 알고 있다. 대통령 후보의 부인 얼굴이 어떻다고 시비를 걸 정도로 공격 거리가 없다는 것으로 이해한다.

이봉규: 김건희 씨도 언제까지 안 나올 수는 없지 않은가? 빨리 나와서 행동하는 것이 좋을 수도 있는데, 어떻게 생각하는가?

이정현: 지금 활동을 안 하는 게 아니다. 집에서 내조해도 활동이다. 코디뿐 아니라 남편이 알고 있는 조직과 사람들 사이에서도 활동하고 있다. 앞으로 나올 때가 되면 나올 것

이다. 진짜 문제는 안 나오는 게 아니고 지나치게 나오는 것이다. 대통령 부인이나 아들, 형님이 너무 나서는 것이 문제다. 어떤 대통령 아들이 형님이 동생이 조카들이 심지어 처조카까지 너무 했다. 대통령의 주변 사람이 설치고 나서는 것에 대해 진저리나지 않았는가?

민주당은 선거 운동이나 제대로 해라. 민주당 후보의 조카들이 얼마나 잘했나? 부인과 연관된 이야기도 있다. 후보 자신과 관련된 여자 이야기는 무엇인가? 윤석열 후보를 상대로 해라. 피하지 말라. 눈 똑바로 바라보고 윤석열 후보와 싸우라. 공격 거리가 없으니까 주변에 하는 것이다.

이봉규: 윤석열 후보가 의미심장한 이야기를 했다. 창당에 준하는 정계개편으로 판을 흔들 거라고 한다. 김한길 위원장을 데려온 것도 그 목적인 것 같다. 정권을 잡으면 지자체 선거, 다음 총선까지 이겨서 정계를 개편하겠다는 것이 김한길 위원장과 뜻을 같이한 것인가?

이정현: 윤석열 후보의 머리에서 나온 건지, 주변에 누가 돕고 있는지는 모르겠다. 그래도 김한길 카드는 무섭다. 소리 없는 태풍의 핵 같은 느낌을 풍긴다. 김종인 위원장을 포함한 선대위, 이준석 대표와 김병준 위원장은 다 드러나 있

다. 기본적인 선거 운동과 활동을 한다. '새시대준비위원회'는 선대위 조직에 포함되지 않은 조직에서 활동한다. 다시 말하면 별동대다. 이 조직은 움직이는지 안 움직이는지조차도 알 수 없다. 그야말로 물밑에 오리가 발을 움직이는 것과 같다. 추측건대, 어마어마한 국민 대화합과 정치권의 대개편의 느낌이 든다.

1990년 1월에 3당 합당이 있었다. 제5 공화국의 후신 세력인 민정당과 김영삼 총재의 민주당 그리고 김종필 총재의 공화당 세력이 합해진 것이었다. 그렇게 만들어진 최대 여당인 민주자유당에 DJ 세력은 포함되지 않았다. 그 후 2003년에 386세대가 열린우리당 만들면서 DJ 세력을 빼버렸다. 그 빠진 세력이 안철수 후보와 뭉쳐서 호남을 싹쓸이했지만 지금도 그들은 갈 데가 없다. 이 사람들은 보수다. 극진 좌파도 아니고 사회민주주의도 아니고 주사파도 아니다. 이 사람들까지 끌어안으려고 하는 것이 김한길 위원장의 역할일 것이다. 김대중 정부에서 김한길 위원장은 정책기획수석 비서관과 문화관광부 장관을 지냈다. 과거 안철수 후보와 만든 정당인 새정치민주연합에서도 공동 대표를 했다. 이분이 나서서 어마어마한 정계개편과 국민 대통합의 그림을 그리고 있다는 것이다.

다시 말해, 좌 편향 주사파 586세대 빼고 다 모이라는 것이다. 이것을 윤석열 후보가 완성하면 5년 대통령 한 것보다 더 위대한 일을 하게 된다. 그동안 분열되고 대립해왔는데 그럴 이유가 없는 사람들이 해 온 것이다. 결국 주사파 386세대만 남는다. 전에 민주화 운동을 했던 선배들은 주사파가 아니라며 떨어져 나갔다. 요즘에는 대학교에서 운동권 학생이 없다. 후배도 없고 선배도 없이 고립된 상태. 그 당시 대학 다닐 때 지도자급에 있었던 임종석 전 비서실장이나 우상호 의원이나 이인영 장관 등은이제 권력도 누려 받고 자식들 유학도 보내보고 돈도 가져봤다. 한마디로 기득권 세력이 되었다는 것이다. 이제기득권을 비판할 자격이 없을 정도로 기득권이 되었다.

이제는 윤석열 후보는 좌파 586세대를 제외한 나머지 세력을 연합하여 출범하고자 한다. 그렇게 되면 60년 넘게 집권을 하고 있는 일본의 자민당과 같이 된다. 자민당 안에 진보와 보수가 다 들어가 있다. 그 안에는 다양성이 있다. 급진 과격 세력들은 거의 소멸하였다. 이제 대한민국에 비로소 이념의 변곡점, 정치의 변곡점, 지역 구도의 변곡점의 시점이 왔다. 만약 윤석열 후보가 김한길 위원장을 통해서 이걸 하고 있다면 대한민국의 정치 역사가 새롭게 쓰일 것이다.

이봉규: 이해찬 전 대표가 과거에 '20년 집권론'을 내세우면서 50년 집권을 넘어서 100년 집권을 할 수 있다고 큰소리를 쳤는데 그 반대 상황이 될 수도 있다는 말인가?

이정현: 입방정 떨어서 그 반대가 된 것이다. 그것도 잘못된 게 문재인 후보가 대통령이 되고 자신이 당 대표자가 된 상태에서 의원들 모아놓고 언론들 보는 앞에서 그 얘기를 했다. "보수를 괴멸시키겠다."라고 말이다. 이런 말을 밖으로 끄집어내서 자신들의 목표와 속내를 드러냈다. 우리나라 헌법이 보수 진보를 다 아우르게 되어있는데 그걸 다 깨겠다는 것이다. 국가의 시스템을 다 무너뜨리겠다는 것이다. 법원, 검찰, 모든 공직 인사, 심지어 군 인사까지 완전히 시스템을 침몰시켰다. 그래서 국가 재정도 두들겨 깨부수었다. 돈을 쓰고 뿌려서 재정을 엉망진창으로 만들었고 공직 인사를 개판으로 만들고 법 시스템을 깨부수었다. 이해찬 전 대표가 입방정을 한 그것을 목표로 드러내놓고 실천을 했다. 국민이 얼마나 똑똑한데 이것을 못 알아차리겠는가? 세계적으로 보수를 괴멸시킨 정권과 나라가 다 망하지 않았는가? 대한민국이 그쪽

으로 가는 걸 그냥 보겠는가? 586세대는 고립돼서 사멸
될 수밖에 없다. 윤석열 후보와 김한길 위원장이 추진하
고 있다면 최고로 잘하고 있다. 원대한 꿈을 실현하려고
하는 것 아닌가. 이게 바로 유럽의 신중도, 영국에서는
제3의 길, 일본은 자민당의 60년 집권이다.

종부세 폭탄
걱정 없게 하겠습니다.

2021년 11월 14일 윤석열의 페이스북에 올라온 글이다.

IIIIIIIIIIIIIIIIIIIIIIIIIIIIIIIIIIIIIIIIIIIIIIIIIIIIIIIIIIIIIIIIIIIIIIIIIIIIIIIIIIIIIIIIIIIIIIIIIIIIIIIIIIIIIIIIIIIIIIIIIIIIIIIIIIIIIIIIIIII

오는 22일부터 올해 종합부동산세 고지서가 발송될 예정입니다. 언론 보도를 보면 고가의 1주택자나 다주택자들에게는 폭탄 수준의 세금이 될 것이라고 합니다. 논란 끝에 과세 기준선을 공시가격 11억 원으로 인상해서 그나마 최악의 상황은 면했다고 하지만 종부세를 내야 하는 분들에게는 큰 부담이 될 겁니다. 경우에 따라서는 지난해보다 두 배 이상으로 세금을 내야 할 상황입니다. 종부세는 납세 대상자의 수가 아무리 적다 하더라도 문제가 많은 세금입니다. 도입 당시부터 꾸준히 논란이 있었습니다. 재산세와 동일한 세원에 대한 이중과세, 조세평등주의의 위반, 재산권 보장원칙 위반, 과잉금지의 문제 등이 쟁점입니다. 근본적인 문제는 과세 목적에 대한 정부의 인식에 있습니다. 문재인 정부와 민주당은 고가의 부동산을 소유했다거나 세금을 부과하는 것을 마치 정의의 실현인 것처럼 주장합니다. 문재인 정부의 정책을 담당했던 김수현 전

228

실장은 "주택은 정치 문제"라면서 자신들이 부동산 문제를 시장 문제가 아니라 정치 문제로 접근하고 있음을 고백한 바 있습니다. 종부세 대상자들에게는 그야말로 세금 폭탄일 수밖에 없습니다. 정부는 집값이 많이 올랐으니 당연히 세금을 더 내야 한다고 주장합니다. 그러나 세금은 현금으로 내는 겁니다. 1주택 보유자 중에는 수입이 별로 없는 고령층들도 있습니다. 더구나 코로나 사태로 소득이 정체되거나 줄어든 사람들도 많습니다. 이런 분들이 어떻게 고액의 세금을 감당할 수 있겠습니까? 힘들면 팔면 되지 않느냐고도 합니다. 보유세 부담 때문에 오래 살고 있는 집을 팔라는 건 정부가 국민들에게 할 말이 아닙니다. 사는 집을 팔고 보다 저렴한 주택으로 이주하기도 힘듭니다. 양도소득세 때문입니다. 특히 다주택자의 경우 세율이 초대 75%(지방소득세 포함 82.5%)나 됩니다.

그래서 저는 대통령이 되면 종부세를 전면 재검토할 것입니다. 국민의 급격한 보유세 부담 증가를 해소하고, 양도소득세 세율을 인하해서 기존 주택의 거래를 촉진하고 가격 안정을 유도하려고 합니다. 공시가격 인상 속도를 낮춰 보유세가 급증하는 것을 막겠습니다. 1세대 1주택자에 대한 세율도 인하하고 장기보유 고령층 1세대 1주택자에 대해서는 매각하거나 상속할 때까지 납부를 유예하는 제도의 도입을 고려하겠습니다. 중장기적으로는 아예 종부세를 재산세에 통합하거나 1주택자에 대해서는 면제하는 방안도 검토하겠습니다. 그렇게 해서 내년 이 맘 때에는 국민 여러분께서 더 이상 종부세 폭탄 맞을까봐 걱정 안 하셔도 되

게 하겠습니다

―――――――――――――――――――――――――――――――――――――――

　진짜 이렇게 되면 좋겠다. 국민건강보험을 포함해서 각종 간
접세까지 세금 많이 올라갔다. 수입은 그대로 거나 코로나 때문
에 대부분 줄어든 상황에서 부담이 많이 된다. 이런 상황에서 1주
택자건 다주택자건 종부세로 세금 폭탄을 때리면 어떡하나? 집을
팔라는 건가? 팔면 어디로 가나? 정부가 주는 주택에서 임대로 살
라는 것인가? 종합 부동산세 폭탄을 맞고 국가에 월세를 내면서
살아야 한다는 것인가? 평생을 돈 모아서 집 하나 장만했고 그 집
을 팔 수도 없다. 양도세를 왕창 내야 하기 때문이다. 열심히 일하
고 장사하고 저축해서 집 달랑 하나 만들었는데 그것을 팔라 말라
강요하면 어떡하나?

　다주택자도 그렇다. 그들은 범죄자가 아니다. 조금 여유가 있
는 사람이 제주도나 설악산이나 춘천 같은 곳에 세컨드 하우스 작
은 거 하나 있는 게 잘못인가? 다주택자 중에서도 식구들이 많은
경우 집을 2개 소유할 수도 있다. 열심히 사업하고 일하는 것은
땀 흘린 결과를 누리며 살려는 것이다. 자유 민주주의 사회에서
왜 범죄자 취급을 하는가? 투기꾼이 범죄자지 전문 투기꾼만 잡
으면 된다. 집을 팔았다 샀다 하면서 뺑튀기해서 돈을 먹는 사람

들만 골라서 과세나 벌금을 먹이면 되지 않은가?

대장동을 보라. 거기서는 어마하게 먹었으면서 집 가진 사람에게 세금 폭탄을 먹이고 그러면 되는가? 그 세금으로 의미 있게 쓰면 모르겠다. 재난지원금이라는 명목으로 국민에게 찔끔찔끔 나눠주면서 표 장사하고 있지 않은가. 전체적으로 수백조 수십조를 쓰고 정부 부채는 1천조를 만들지 않았는가. 돈이 모자라니까 부동산 세금으로 뜯어내고 그러니까 부동산값은 더 올라가는 것이다. 투기꾼에게는 부동산값이 올라가면 좋은 일이지만 집 하나 가진 사람에게는 그렇지 않다. 집 팔고 시골로 내려가라는 것인가? 왜 집을 줄여 이사 가라고 하는가? 명령할 권리가 어디 있나? 국민이 주인이라는데 왜 못살게 하는가? 다행히 윤석열 후보가 이것을 꿰뚫어 보고 내년 이맘때 종부세 폭탄 맞지 않도록 하겠다고 했다. 윤 후보가 경제 방향을 제대로 잡은 것이다.

종합부동산세 폭탄을 먹이면 집 있는 사람의 여유가 없어지게 되고 돈을 쓰고 싶어도 못 쓴다. 100번 양보해서 월 500만 원 버는 중산층 사람이라고 치자. 이리저리 세금 내고 건강보험료와 기타보험료 내고 남은 400만 원으로 생활했다. 일부 저축하고 외식도 하고 영화 보고 여행도 갔다. 100만 원 내던 세금을 갑자기 200만 원이나 내면 소비로 써야 할 100만 원을 쓰지 못하게 된다. 서민들이 어려워지는 것이다. 어느 정도 돈을 써줘야 경제가 돈다.

긴축돼서 지갑을 열지를 않으니 집 없는 사람에게도 피해가 간다. 집 있는 사람은 세금 폭탄, 집 없는 사람은 경제에 타격을 받아 민생이 나빠진다. 전 국민이 희망을 잃고 힘들게 사는 것이다. 이익 보는 사람은 개발업자들 시장이나 도지사나 권력하고 결탁해서 수천억 먹는 사람들뿐이다. 세금으로 걷은 돈으로 국민 지원금 주고 표심을 얻으니 집권 여당의 정치인들은 좋겠다. 하지만, 이것을 윤석열 후보가 알고 바로 잡으려 한다. 내년 5월에 대통령 임기가 시작되니까 내년 이맘때는 폭탄 없애게 하겠다는 것이다.

윤석열,
검사들에 뜨끔한 경고

2021년 11월 6일 윤석열의 페이스북에 올라온 글이다.

오늘 오후, 2년 전 조국 사태를 만들었던 세력들이 모여 뜬금없이 검언개혁 촛불집회를 하는데, 놀랍게도 이재명 후보가 직접 참여한다고 합니다. 혹시나 대장동 게이트 수사를 이재명 후보 봐주지 말고 제대로 부끄럽지 않게 하라는 촉구 집회인가 했는데, 역시나 '조국 수호' 집회 시즌 2입니다.

2년 전부터 지금까지도 계속 진행 중인 조국 사태로 인해 대한민국의 법치가 무너졌습니다. 민주당 정권은 할 일 하는 검사들 다 내쫓고 입맛대로 움직이는 검찰로 개조하여 살아있는 권력 비리 수사를 '멸종'시킴으로서 이미 '그분들만의 개혁'을 완성했습니다. 그 결과 부패한 권력자들과 이권 카르텔이 이제는 처벌받을 거라는 두려움 없이 마구 약자와 서민을 착취합니다. 그것을 바로잡기 위해 제가 대통령 후보로 나섰습니다. 반드시 바로 잡겠습니다.

이재명 후보는 답해야 합니다. 이미 그분들 설계대로 시키는 대로 말 잘 듣는 검찰로 만들었음에도, 뜬금없이 저렇게 모여 계좌번호까지 걸고 힘자랑하면서 도대체 '누구를 상대로' '어떤' 검찰개혁을 '더' 하겠다는 것입니까. 지금 대장동 수사에서 어떻게든 이재명 후보를 구해주려 하는 검찰을 보면 더 망칠 것이 남아 있지도 않습니다.

이재명 후보는 조국 수호 세력에 공개적으로 올라타 가담했습니다. 저와 이재명 후보 중 민주주의와 법치주의를 사랑하는 우리 국민이 어떤 선택을 하실지는 오늘로써 더 분명해졌습니다.

|||||||||||||||||||||||||||||||||||||||||||||||||||||||||||||||||||||||||||||||||||||||||||||||||||||||||||||||||||||||||||||||||

이재명 후보가 '조국 수호' 집회에 참석했다는 것이다. 조국 전 장관보다 더 이해가 안 되는 것은 '조국 수호' 집회를 하는 사람들이다. 조국 전 장관이 뭘 잘해서 수호한다는 것인지 모르겠다. 죄 없이 탄압을 받는 사람을 수호하는 것은 마땅하다. 박근혜 전 대통령이나 그 시절 열심히 일한 조윤선 장관과 같이 이상하게 탄압받은 사람들을 수호하는 집회를 한다면 모를까. 조국 전 장관에 대해서는 이미 조사 결과가 다 나왔는데 뭘 수호하겠다는 것인가? 이건 법을 망치는 집회다. 범법자를 수호한다는 것은 법을 다 망가뜨리겠다는 것 아니겠는가? 거기에 대권 주자가 가면 똑같은 사람이 되는 것이다.

좌파에서도 조국 전 장관을 이상한 사람으로 보는 사람이 많다. 새빨간 좌파였던 진중권 동양대 전 교수도 그 때문에 문재인 대통령과 이재명 후보를 적대시하는 거다. 서민 교수도 조국 전 장관 때문에 돌아 선 거다. 어떻게 '조국 수호' 집회에 공개적으로 이재명 후보가 올라탈 수 있느냐? 생각해보니 이재명 후보의 처지에서 보면 조국은 착하게 잘 산 사람이다. 대장동을 그렇게 설계해서 엄청나게 해 먹었는데도 입 딱 씻고 '국민의힘 게이트'라고 우기니까 말이다. 조국 전 장관은 아직 연애 스캔들이 없지 않은가. 형수에게 입에 담지 못할 쌍욕을 하는 일은 없었다. 이재명 후보의 처지에서 보면 조국을 수호해야 자기를 수호할 수 있다. 나중에 자기 수호 집회를 열어달라고 할 수도 있겠다. 혹시나 자신이 수사 받거나 구속받게 되면 수호 집회를 열어달라는 선제공격을 미리 치는 거로 보인다. 이재명 후보가 집회에 간 이유는 두 가지다. 하나는 자신보다 조국 전 장관이 훨씬 죄를 안 짓고 착하게 살았는데 탄압을 받으니 참 안됐다는 이유일 것이다. 다른 하나는 자신이 조국처럼 탄압을 받게 되면 자기를 위한 수호 집회를 해달라고 밑밥을 까는 것이다.

윤석열 후보가 이 사태에 흥분하는 이유는 자기가 전 검찰 총장인데 그때의 자기 부하들이 대장동 수사를 하는 걸 보니까 해도 너무했다는 것이다. 이 글에서도 보면 검찰을 대놓고 비판하는데,

자기가 대통령이 되면 다 죽었다면서 지금이라도 수사 제대로 하라는 것이다. 이재명 후보에 대한 것도 있지만 검찰에 대한 압박도 된다. 일선 검사들은 떨면서 이렇게 생각할 것이다. '이 추세로 보면 윤석열 후보가 대통령이 될 확률이 높은데, 이재명 후보 구하려다 우리가 골로 갈 수 있겠구나. 자료와 녹취록이 이렇게 다 나왔는데, 홍준표 후보가 경선에서 떨어지고 윤석열 후보의 기세가 등등하구나. 검찰 총장으로 있을 때 보니까 깡다구가 장난이 아니더라. 이제는 법대로 가는 수밖에 없겠다.' 윤석열 후보는 이것을 노리고 검찰에 압박하는 것이다. 수사를 제대로 하다가 혹시 옷 벗게 되면 이쪽으로 들어오라고도 손짓을 하고 있다.

옳은 말 했는데?
왜 난리 치냐?

　윤석열 후보의 발언이 논란이 되고 있다. 논란이 될 게 하나도 없는데 말이다. '호남분들도 전두환 정치 잘했다 한다'라는 것이 왜 논란이 되는가? 윤석열 후보의 발언은 호남분들을 감싸 안는 의도였다. 호남분들과 전두환 전 대통령을 원수지간으로 여기고 자꾸 가르기 하는 것은 민주당과 열성 문재인 대통령 지지층들이다. 호남과 전두환의 5공화국을 끌어안아야 진정한 지역감정이 해소된다는 뜻도 있다. 쿠데타를 일으킨 전두환 전 대통령이 잘했다는 것이 아니다. 윤석열 후보가 얘기하는 것은 적재적소에 인재를 발탁했다는 것이다. 다시 말해서, 전두환 전 대통령은 군인 출신이지만 경제를 발전시켰다. 군인 출신이라 경제를 모르는 사람이었다. 그러나 김재익 박사를 경제 수석으로 앉히고 각 분야의 잘하는 사람에게 해당 직책을 맡기면서 국민의 존경을 받았다. 전두환 전 대통령은 큰 틀에서 보고 적임자에게 일을 잘 맡겼다.

　이걸 윤석열 후보가 얘기한 것이다. '검찰 출신이 뭘 아느냐?'고 홍준표 의원도 맨날 토론회에서 얘기했다. 유승민 전 의원도 '당신 정치한 지 몇 달 됐어?', '당신이 경제를 뭘 아느냐?'라고 비판한다. 자기는 정치를 오래 했고 경제학 박사라면서 잘난 체 한다. 윤석열 후보는 자기가 평생 검사 생활했지만, 대통령이 되면 전문가들을 발탁해서 그 자리에 앉히면 된다고 했다.

'더불어민주당'과 이재명 캠프에서는 이것에 대해서 사과하라면서 광주의 상처는 아물지 않았고, 진상규명조차 완전히 되지 않았다고 한다. 도대체 언제 가야 상처가 아물고 진상규명이 되는가? 5.18 유공자 명단도 오픈 안 하면서 뭘 원하는가? 5.18 유공자는 누가 됐는지 국민은 아무도 모른다. 자기들끼리 혜택 다 받아가면서 뭔 진상 규명이 안 됐다는 건가? 자기네들이 불리한 것들은 다 숨기지 않는가. 진정한 광주시민의 민주화 운동을 승화시키고 위대하게 만들려면 가짜 5.18 유공자들 걸러내야 한다. 그 당시 광주에 있지도 않았던 사람들, 민주화 운동과는 아무런 상관이 없는 사람들을 자기네들 측근들이라면서 유공자 명단에 집어넣어서야 되겠는가? 대대손손 아들들 딸들이 혜택받게 하는 것들을 걸러내야 진짜 5.18과 민주화를 위해서 싸웠던 광주 시민들의 빛이 나는 것이다. 가짜 5.18 유공자 명단을 삭제하는 것이 그분들의 얼을 어루만지며 얼을 기리는 것이다. 진짜 민주화운동을 한 사람을 가려내야 한다.

지금도 사람들이 광주 5.18 얘기만 나오면 파르르 떨며 과민하게 반응하는 것은 국민 통합에 도움이 안 된다. 무슨 콤플렉스로 느껴질 뿐이다. 신군부가 과도한 진압을 하는 것은 마땅히 사죄해야 한다. 하지만, 그 많은 5.18명단을 입에 꺼내지도 말라고 하면서 그러면 안 된다. 자랑스러운 상 아닌가? 유공자는 국가에 공헌을 한 사람들이다. 그 훈장 받은 사람들은 자랑으로 여긴다. 그걸 얘기하지 말고 조용히 입 다물고 있으라는 것은 말이 안 된다. 범죄자 명단도 아닌데 왜 공개를 안 하는가? 거기에 불순자가 있다면 불순자를 가려내야 한다.

그리고 광주 5.18로 자꾸 시비 거는 것은 옳지 않다. 민주당과 이재명 후보 캠프는 광주를 무기로 삼는다. 광주 분들은 잘 생각해야 한다. 이분들은 이걸 악용하고 있고 광주에 많은 애국자는 이용만 당하고 있는 거다. 윤석열 후보는 그거를 얘기하는 것이다. 광주분들도 호남분들도 전두환을 칭찬하는 분들이 많다는 것은 사실이다. 광화문이나 서초동에서 시위할 때 호남분들 많다. 전라도 억양으로 사투리 쓰면서 "조국 물러가라", "문재인 물러가라", "부정선거 밝혀라" 하면서 피켓 들고 외치고 있다.

얼마 전에 유승민 후보가 대구 경북 지역의 초청토론회에서 '국민의힘'이 정상이 아니라는 폭탄 발언을 했다. 지난번에 윤석열 후보도 '국민의힘' 정상 아니라고 발언했는데 그것과는 맥이 전혀 다르다. 윤석열 전 검찰총장과 최재형 전 감사원장이 대통령 후보가 되는 정당이 정상이 아니라 한다. 왜 이런 방식으로 윤석열 후보를 꺾으려고 하는지 모르겠다. 윤 후보와 최 후보가 정치적 중립을 위해 보장한 임기를 마치지 않고 튀어나와서 '국민의힘' 대선 주자로 나선 것이 정상적이지 않다는 것이다. 시장에서 거래하듯이 자기 분야에서 잘나가는 이름 있는 사람들을 찾아 공천을 받는 낙하산이 많다는 것을 지적했다. 선진화된 정당은 내부에서 인재를 기르는 시스템이 있어야 한다는 것이다.

윤석열 후보는 당에 들어온 지 얼마 안 되니까 정상이 아니고, 당내에서 큰 자기가 정상이라는 것이다. 당신은 당을 위해서가 아니라 그 당을 해체하는 행위를 하고 지도자를 쫓아내는 데 앞장서지 않았는가? 국민과 당원들에게 심판받아서 쫓겨났다. 나가서 '바른미래당'이라는 야합 정당을 만들어서 거기서 안 되니까 틈을 타서 이준석 대표와 하태경 의원과 같은 사람들과 '국민의힘'에 들어와서 당권을 잡고 이제 와서 그런 얘기를 하면 말이 안 된다. 계속 불의에 굴하지 않고 그 당에서 나가지 않고 싸워왔다면 우리가 인정한다. 어떤 일이 있어도 당을 지키면서 당을 위해서 배신자를 처단하고 박근혜 대통령과 이명박 대통령을 보호하느라고 맞서 싸웠다면, 좌파들하고 극렬히 싸우면서 이런 얘기를 했다면 그 자격이 있다. 당신은 그 말 할 자격이 없다. 박근혜 대통령을 배반하고 당원들을 배반하고 친박과 비박을 나누고 탄핵의 앞잡이 노릇을 한다고 나갔다가 다시 기어들어 와서 이런 소리를 하면 안 된다. 그러면서 민주당 칭찬을 한다. 민주당은 보좌관, 사무처, 당직자 출신들이 올라오는 경우가 많다면서 '민주당'이 '국민의힘'보다 앞선 정당이라고 하면 안 된다.

유승민 후보의 경제는 좌파 경제에 가깝다. 우파 경제가 아니다. 증세 없는 복지는 허구라면서 박근혜 대통령을 공격했다. 박근혜 대통령이 얘기하는 복지는 쓸데없는데 쓰는 것을 아끼자는 것이었다. 우리 국정 예산이 도로 깔거나 공무원들 특활비로 막 쓰게 하거나 북한에 퍼 주는 것 같이 쓸데없이 쓰는 것들이 참 많다. 그것을 아껴서 복지에 예산을 늘리자는 것이었다. 그래서 세금 안 늘리고도 복지 늘릴 수 있다고 한 거다. 매년 10월만 되면 멀쩡한 도로 갈아엎어서 예산을 다 탕진해버린다. 그래야 내년도 예산을 또 타니까 말이다. 예산이 남으면 깎이니까 막 쓰느냐고 막 퍼주는 것이다. 그것을 줄여서 복지 예산을 줄이자는 것이었다. 세금을 늘리지 않으면 복지를 늘릴 수가 없다는 것은 좌파들이 하는 얘기다. 당신이 그걸 얘기하면서 박근혜 대통령한테 맞섰다. 그래서 배신자 딱지가 붙은 거다. 그게 열 받으니까 앞장서서 민주당과 야합해서 박근혜 대통령 쫓아놓고서 이런 소리 할 자격이 없다.

당신들이 이렇게 못했기 때문에 국민이 윤석열 후보와 최재형 후보를 불러낸 거다. 그 나물에 그 밥인 '국민의힘'을 믿을 수가 없다는 것이다. 그래서 윤석열 후보를 불러서 띄운 거 아니냐? 막상 최재형 후보와 윤석열 후보가 들어오니까 이제는 안 된다고 그러면 되느냐? 그럼 애초에 들어오라고 하지 말아야지. 그러면 안 들어왔을 텐데 말이다. 윤석열 후보가 그 당에 들어간 게 우리는 천추의 한이다. 윤석열 후보가 밖에 있었으면 국민의힘은 벌써 국민이 죽였을 것이다. 그런데 윤석열 후보가 거기 들어가는 바람에 국민이 할 수 없이 그 당을 밀어주는 것뿐이다. 이 당 날렸어야 하는데, 윤석열 후보가 거기에 왜 들어갔는지 지금도 아쉽다. "기존 정치 다 날려버리겠다." "정치판을 다 갈아엎겠다." "박정희 대통령처럼 혁명을 일으키겠다." 그러면서 최재형 후보하고 손잡고 안철수 후보도 데려왔으면 '국민의힘'의 이준석 대표, 유승민 후보, 하태경 의원이랑 싹 다 죽었을 것이다. 그랬다면 박진 의원 같이 괜찮은 분들이 이쪽으로 왔을 것이다. 그렇게 하는 것을 국민이 원했을 것이다. 어찌 되었건 지금은 당에 들어갔으니 그 안에서 휘어잡기를 바란다. 거기서 1등 하는 것이 국민의 바람이다. 이것을 못 지키면 똑같이 욕먹는다. 비장한 각오로 잘 견뎌내야 한다.

8장_윤석열의 숨겨진 인물들

청와대 비서관 박형철은
왜 사표를 냈나?

2018년 6·13 지방선거에서 어이없는 선거 도둑질이 발생했다. 문재인 대통령의 절친인 송철호 후보를 당선시키기 위해, 청와대가 울산지방경찰청에 김기현 울산시장의 비리를 수사하게 한 것이다. 선거가 임박한 시점에 현직 시장을 수사했기 때문에, 지지율에서 밀리고 있었던 송철호 후보가 울산시장으로 당선됐다.

야당 소속 울산시장이었던 '김기현 죽이기'는 문재인 대통령과 대통령의 30년 친구인 송철호, 조국 등 세 명이 공동으로 기획한 선거개입이었다. 그 전에 조국이 삼인성호(三人成虎)라는 말을 했는데, 이 세 사람이 합심해서 그야말로 없는 호랑이를 만들어 버린 것이다. 실제로 감독을 한 것은 백원우 전 청와대 민정비서관이었고, 드라마의 주인공은 황운하 전 울산지방검찰총장이었다. 이후 황운하 전 총장은 총선 출마를 위해 명예퇴직을 신청했다. 수사 중일 때는 명예퇴직을 받아주지 않는 것이 원칙이지만, 그는 현재 더불어민주당 국회의원이다.

1년이 훨씬 더 지난 2019년 11월 말경, 서정욱 변호사는 이 사건에 대해 MBN방송과 이봉규 TV를 통해 네 가지 의문을 제기했다.

첫째 누가 백원우 민정비서관에게 김기현 전 울산시장에 대한 첩보를 주었는가? 만약 송철호 현 울산시장 쪽에서 줬다면, 경쟁자 입장에서 얼마나 야비한 행동인가? 백원우 비서관이 따로 팀을 운영했다고 하는데, 거기에서 정보를 수집했다면 그것이야말로 국기문란이다. 왜냐하면 그런 팀은 시장이나 단체장 같은 선출직은 감사를 못하기 때문이다. 누가 왜 백원우에게 정보를 가져다주었는가, 이것이 첫 번째로 규명되어야 할 중요한 포인트다.

두 번째는 하명수사가 의심된다는 것이다. 어떤 사람이 백원우에게 정보를 가져다 줬다면, 원칙적으로 백원우는 이 정보를 쓰레기통에 버려야 한다. 왜냐하면 불순물은 쓰레기통에 버려야 하기 때문이다. 선출직 공무원에 대한 감찰은 명백한 불법이다. 그렇다면 정보를 얻었다고 해도 통첩하지 말고 폐기해야 한다. 그런데 백원우는 박병철을 통해 그 정보를 경찰청에 가져다줬다. 이것은 누가 봐도 하명수사이다. 불법정보는 경찰청에 가져다주지 말고 버려야 한다.

세 번째로 규명되어야 할 것은 황운하가 수사도중에 당시 송철호 울산시장 후보를 두 번 이상 만났다는 사실이다. 경찰청장이 현직 시장을 수사하는 도중에 왜 경쟁 후보를 두 번 이상 만나는 가? 이런 불법을 자행하면서, 그는 청와대에 수사 진행상황을 9번 이나 보고했다. 특히 압수수색하기 몇 분 전에도 수사 진행상황을 청와대에 보고했고, 압수수색한 날은 선거 3개월 전으로 김기현 이 후보에 공천된 날이다. 이런 식으로 압수수색을 한 것이 적절 한 수사인가? 이것이 세 번째로 규명되어야 한다.

네 번째로 강조한 것이 압수수색 시기다. 김기현 시장이 울산에 내려온 것은 2017년 12월이다. 그런데 그때 수사한 것이 아니라 2018년 3월, 울산시장 후보로 김기현이 정해지자 대대적으로 압 수수색을 시작했다. 이것이 과연 우연인가? 이 정권은 일만 생기 면 우연이라고 하는데, 우연이 계속되면 필연이 되는 것이다. 이 네 가지 의혹은 규명되어야 한다.

이 사건에 관해 울산지검에서 수사를 해보니 청와대가 연루되 어 있고 참고인이 다 서울에 있었다. 그래서 이 사건은 윤석열 검 찰총장에 의해 서울중앙지검으로 옮겨졌다. 여기에서 키맨은 당 시 청와대 반부패비서관이었던 박형철이다. 박형철은 윤석열을 형이라고 부르는 사람이었다. 예전 국정원 댓글 수사를 할 때 윤 석열이 팀장이고 박형철이 부팀장이었다. 그런데 두 사람 모두 대 전고검으로 좌천되었고, 이후 박형철은 윤석열 쪽으로 완전히 돌아셨다. 김기현 사건에 관해서 박형철은 정식 공문 없이 경찰에 통첩했던 최초의 사건이라고 밝혔다. 원래 사건을 이첩할 때는 정식 공문으로 서류를 남겨둬야 한다. 그런데 공문 없이 경찰에 보낸 최초의 사건이라는 것이다. 이런 식으로 검찰에 유리한 진술을 하면서, 박형철은 청와대에 사표를 냈다. 모든 특검비리를 운영했던 청와대 1급 비서관 박형철이 윤석열과 한 배를 타고 정권의 비리를 밝히는 데 앞장선 것이다.

　문재인 대통령은 친구인 송철호에 대해서 '바보 노무현보다 더 바보 송철호'라고 했다. '송철호 당선을 보는 게 가장 큰 꿈'이라고도 했다. 송철호 시장은 국회의원 6번에 울산시장 2번, 도합 8번의 선거에서 패배했다. 청와대의 도움을 받아 울산시장에 당선된 것은 9번째 도전의 결과였던 것이다. 문재인 대통령이 워낙 송철호를 아끼기 때문에, 양정철은 '일반인들이 나를 문재인의 복심이라고 하는데, 진짜 복심은 내가 아니라 송철호'라고 이야기를 했을 정도다. 2012년 조국이 서울법대 교수로 있을 때 송철호가 국회의원 선거에 출마했다. 그때 조국이 후원회장을 했다. 중요한 것은 선거대책 본부장도 했다는 사실이다. 후원회장은 후원회에 이름을 올려두었으니 할 수 있다지만, 선거대책본부장은 매일 캠프에서 살다시피 해야 한다. 그래서 울산시장 선거비리 사건은 이

세 명의 공동기획이라고 보는 것이다.

민정비서관 백원우를 감독으로 보는 이유는 청와대 민정비서관이기 때문이다. 민정비서관은 법적으로 대통령의 친인척만 관리해야 한다. 그런데 문재인과 친한 친문들의 해결사 노릇을 해준 것이 백원우 민정비서관이다. 이것은 월권이고 명백한 불법이다. 한마디로 손바닥으로 하늘을 가리는 것이다. 김기현 시장은 얼마나 억울했겠는가? 표적수사로 압수수색을 하기 전까지 지지율에서 송철호를 15% 이상 앞서 있었다.

선거가 공정하게 되지 않으면 민주주의는 죽는다. 개인비리도 중요하고 감찰비리도 중요하지만, 선거비리는 국가의 기강을 흔드는 가장 심각한 비리이기 때문에 철저하게 조사해야 한다.

女전사 3인방

이 글은 2021년 11월 28일 서정욱 변호사와의 대담을 정리한 것이다.

20대 대통령 선거는 중도층의 표심 못지않게 여성들의 표심도 중요하다. 여성층을 공략하려면 윤석열 후보는 세 명의 여성을 중용해야 한다.

첫째, 범죄심리학으로 유명한 이수정 교수를 공동선대위원장으로 영입할 것을 제안했다. 이준석 대표는 윤석열 후보가 이 일을 언급하자, 이수정 교수는 국민의힘과 방향성이 맞지 않는다는 이유로 이수정 교수의 선대위 영입에 반대한다고 밝혔다. 하지만 냉철하게 생각해보면, 이수정 교수와 이준석 대표 중 누가 더 득표에 도움이 되겠는가? 당을 위해서 생각하면 이수정 교수가 훨씬 더 도움이 된다.

이수정 교수는 전 연령대에 걸쳐 남녀노소 모두가 좋아하고 신뢰하고 있다. 게다가 범죄심리학자인 이수정 교수를 영입할 경우 이재명 후보의 저격수 역할을 할 수 있다. 여러 가지 범죄혐의들을 분석해서 이재명 후보가 이런 사람이라고 공신력 있게 설명할 수 있는 사람이 이수정 교수밖에 없다. 김병준 상임위원장에게 이수정 교수가 큰 도움이 될 것이므로 무조건 영입하라고 문자를 보냈더니 그렇게 하겠다는 답문자도 왔다. 보수의 여전사 1호는 이수정 교수다.

다음은 윤희숙 전 의원으로, 별동대 역할을 할 수 있는 분이다. 전투를 할 때는 정규부대가 필요하지만, 후방에서 특수 임무를 맡는 특공대도 필요하다. 윤희숙 전 의원은 KDI 국제정책 대학원 교수를 지낸 분으로, 이재명의 기본소득 같은 경제공약을 가장 정확하고 예리하게 파헤칠 수 있다. 별동대 조직을 윤석열 후보 직속으로 하나 만들고, 논리가 뛰어난 분들을 영입해서 이재명 저격수로 투입해보자. 이재명의 공약이 나올 때마다 적시에 투입해서 5분 내에 박살을 내버리는 특수임무 조직이 있다면 얼마나 든든하겠는가? 이재명의 기본소득 허구성을 경제학 논리로 제대로 파헤치는 역할을 맡기면 된다.

세 번째는 나경원 전 국회의원이다. 이분은 '나는 우리 후보와 당의 승리를 위해서 밀알이 되고 싶다. 선대위에 내 자리가 있는지 모르겠지만 만약 내 자리가 있다면 이 작은 자리라도 내놓고 싶다.'며 뒤로 물러선 분이다. 자리다툼하고 자기 자리만 꿰차려고 하는 선거판에서, 선당후사, 내 자리보다 당을 먼저 생각하는 희생정신이 있는 사람을 윤석열 후보의 캠프에 영입해야 한다. 감투를 쓰려고 덤비는 사람이 아니라, 안 하겠다는 사람을 시켜야 한다.

당 대표 경선에서 나경원을 버리고 이준석을 잘못 찍어서 후회하는 사람이 얼마나 많은가? 나경원 후보는 당을 위해 한 알의 밀알이 되겠다고 하지만 윤석열 후보가 크게 쓸 필요가 있다고 본다. 정무감각 등 여러 가지 면에서 이준석 대표보다는 나경원 전 의원이 더 큰 역할을 할 수 있을 것이다.

윤희숙, 이수정, 나경원 등 여전사 3인방이 윤석열 캠프에 들어오면 이재명 후보에 대해 혐오감을 가지고 있는 여성들의 표를 확실하게 확보할 수 있다. 요즘은 여성들이 정치에 관심도 많고 남자들보다 정치에 관해 더 많이 아는 사람도 많다. 유권자의 절반이 여성인 상황에서 여성들의 표를 확실하게 확보하기 위해 이 세 분의 영입이 필요하고, 그 외에 각 분야에서 전문가로 활동하고 있는 여성들을 대거 영입해야 한다. 윤석열 캠프의 선관위가 이미 출발했지만, 훌륭한 인재들을 영입하기 위한 문은 활짝 열려있다.

윤석열이
꼭 본받아야 할 사람

스웨덴의 명 총리 타게 엘란데르(Tage Erlander)는 1946년부터 23년간 총리로 재임하면서 11번의 선거를 모두 승리로 이끌었고 마지막 선거에서는 스웨덴 선거사상 처음으로 과반을 넘는 득표율로 재집권한 후 후계자에게 자리를 물려주고 떠났다. 민주주의 국가에서 20여 년의 장기집권이 가능하도록 스웨덴 국민들이 신뢰를 보낸 이유가 무엇일까.

첫째, 대화와 타협이다. 타게 엘란데르는 청년시절 급진주의 활동을 한 좌파 정치인이었다. 그래서 총리로 선출되었을 때 왕과 국민들, 노사분규로 힘들어하던 경영자들은 많은 걱정을 했다. 하지만 총리로 취임한 후 그는 야당 인사들을 내각에 참여시키고, 경영자, 노조대표와 삼자회의로 노사문제를 해결했다. 그는 매주 목요일 자신의 별장에 정치 경제 사회 문화 각 분야의 사람들을 불러 저녁식사를 하면서 대화를 나누었다. 보여주기 식 대화가 아니라 상대 의견을 경청하고 문제해결을 위해 노력하는 진정성을 가진 대화정치 덕분에 국민을 행복하게 만든 복지제도도 가능했다.

둘째, 검소한 삶이다. 엘란데르는 최고 권력자지만 검소하게 살았다. 총리 시절에도 20년이 넘은 외투를 입고 신발도 구두 밑창을 갈아가며 오래도록 신었다. 부인도 마찬가지였다. 집권 23년 동안 국회 개원식에 참석하기 위해 입었던 옷은 단 한 벌 뿐이었다.

셋째, 특권 없는 삶이다. 엘란데르는 특권을 버리고 국민의 삶 속으로 들어와 친구처럼 이웃처럼 살았다. 총리 시절에도 관저 대신 재임시절 서민을 위해 지은 임대주택에서 월세를 내고 살았고, 출퇴근도 관용차 대신 부인이 직접 운전하는 차를 이용했다. 1968년 그가 총리를 그만두었을 때, 거처할 집이 없어서 당원들이 돈을 모아 스톡홀름에서 두 시간이나 떨어진 한적한 시골마을에 집을 마련했다. 그런데 총리 시절보다 더 많은 사람들이 찾아왔다고 한다.

넷째, 겸손하고 정직한 삶이다. 엘란데르 총리의 부인 아이나 안데르손은 고등학교 화학교사로, 남편이 총리로 재임하던 시절에도 학교에서 아이들을 가르치는 평범한 삶을 살았다. 그녀는 엘란데르가 퇴임하자 정부부처 장관을 찾아가서 정부부처 이름이 새겨진 한 뭉치의 볼펜을 돌려주었다. 남편이 총리 시절 쓰던 볼펜을 정부에 돌려준 것이다. 23년 동안 국민을 위한 그의 헌신은 스웨덴 정치의 교과서로 자리 잡았고 스웨덴을 행복의 나라로 만든 원동력이 되었다.

온갖 비리를 저지르고도 뻔뻔한 정치인과 고위공직자들이 판치는 작금의 대한민국 현실을 바라보며, 우리나라에도 이런 훌륭한 지도자가 있었으면 하는 바람이 간절하다. 엘란데르 총리는 검소하기로 유명했던 박정희 대통령과 비슷한 점이 많다. 김재규의 총탄에 맞고 병원에 실려 갔을 때도 허름하고 낡아빠진 혁대에 너덜너덜한 러닝셔츠와 양말을 신고 있었고, 대통령 집무실에서 일을 할 때도 부채질로 버티다가 손님이 올 때만 잠깐 에어컨을 켤 정도였다.

스웨덴처럼 선진국이 된 나라에는 엘란데르 총리 같은 훌륭한 지도자가 있다. 하지만 냉정하게 생각해 보자. 이분이 4년 혹은 5년만 정치를 했어도 오늘날 같은 스웨덴이 될 수 있었을까? 내 생각에는 이분이 23년간 집권해서 기틀을 잡아놓았기 때문에, 스웨덴이 지금 세계에서 가장 행복한 나라 중 하나가 된 것이다. 오직 나라를 위하는 정치가가 23년 동안 통치했던 결과물이 바로 지금의 스웨덴인 것이다.

우리나라도 그렇다. 독재정치를 했다고 비난하는 사람들도 있지만, 박정희 대통령이 5년만 통치했으면 우리나라가 지금처럼 잘 살 수 있을까? 5천년 역사 동안 한 번도 잘 산 적이 한없었고 세계 10대 부자 나라는 엄두도 내지 못했던 우리나라다. 박정희 대통령이 16년간 장기통치를 하면서 기틀을 잡았기 때문에 지금의 대한민국이 있는 것 아니겠는가? 어느 나라나 훌륭한 지도자가 있으면 부강하고 행복한 나라가 되고, 그렇지 않은 지도자를 만나면 부자나라도 쪽박을 차게 된다. 베네수엘라, 필리핀, 아르헨티나 같은 국가들도 과거에는 엄청나게 잘 살던 나라였다. 우리나라도 이상한 지도자가 대통령이 되어서 남들에게 퍼주기나 하고 나라 경제를 말아먹으면 어떻게 될지 모른다. 지금은 엘란데르 총리 같은 지도자가 보이지 않고, 온갖 비리를 저지르고도 뻔뻔한 권력자와 지도자들이 여의도에서 판을 치고 있다.

윤석열 후보에게 바란다. 지금까지의 삶이 어땠는지 잘은 모르지만, 지금부터는 엘란데르 총리처럼 국민으로부터 존경받는 지도자가 되어 달라. 검소하고 타협하면서 국민을 위해 진짜 헌신하는 지도자의 길을 가겠다, 내 삶을 국민에게 바치겠다는 자세를 가져 달라. 출세도 해봤고 경제적인 부족함 없이 살았으니, 이제부터는 마음을 단단히 먹고 훌륭한 대통령이 되어주기를, 역사적인 영웅이 되려고 노력해 주기를, 오직 국가와 국민만 생각하고 헌신하며 살아주기를, 당신을 지지하는 국민의 한 사람으로써 간절히 부탁드린다.

지지선언으로
힘을 실어준 외교관들

2021년 12월 8일, 전직 외교관 인사로 구성된 '나라사랑 전직 외교관 모임'은 '윤석열 후보의 대외정책 기조와 방향은 우리가 시종일관 주장해왔던 것과 궤를 같이 한다, 국가 이익에 합당할뿐더러 대한민국 국민의 여망이다.'라며 지지의사를 공개 표명했다. 150여 명이 참여한 지지성명에는 반기문 전 유엔사무총장 최측근인 김숙·김봉현 전 대사도 이름을 올렸고, 반기문 전 유엔 사무총장도 뜻을 같이하고 있다고 측근이 전했다. 외교 쪽으로는 모두 윤석열 후보의 손을 들어준 것이다.

외교 일선에서 국제정치를 다루는 외교관들이, 이재명 후보가 대통령이 되어 중국·북한과 손잡으면 위험해진다고 생각한 것이다. 일반사람들은 모르지만, 조금만 외교방향을 틀어도 국가는 많이 위험해진다. 그런데 현 정부의 외교방향이 상당히 틀어져 있으니까, 이것을 제대로 돌려놓자는 위기의식에서 집단행동을 한 것으로 보인다.

그런데 2021년 12월 8일, 청와대가 베이징올림픽 보이콧을 검토하고 있지 않다고 발표했다. 기자들에게는 '정부 대표 참석과 관련해서 아직 보이콧을 결정한 것은 아니다. 결정되면 알려 주겠다'고 했다. 미국 정부는 선수들은 참여하지만 정부차원의 참석은 안하겠다고 선언하고, 동맹국들에게 외교적 보이콧 선언에 동참하라고 요구하고 있다. 영국 캐나다 등 미국의 강력한 동맹국들은 베이징 올림픽에 대해서 외교적 보이콧, 즉 외교 불참을 발표하고 있다.

우리 정부에도 동참을 요청했다는데 청와대가 이런 발표를 한 것은 중국과 북한의 눈치를 보겠다는 것이다. 동북아 세계 평화 및 남북관계 개선을 기대하고 희망하기 때문에 외교적 보이콧은 안 된다고 하는 것은, 종전선언 혹은 중국과 북한간의 삼자협의 같은 것을 하고 싶은데 베이징 올림픽이 절호의 찬스니까 외교적 보이콧을 하지 않겠다는 의미다.

그러자 불안해진 '한반도 인권과 통일을 위한 변호사 모임(한변)'과 '올바른 북한인권법을 위한 시민모임(올인모)' 등 시민단체들이 여의도 국회 정문 앞에서 기자회견을 갖고, 베이징 동계올림픽에 대한 '외교적 보이콧'을 정부에 요구했다. 이들 단체는 "미국이 베이징 동계올림픽 외교 보이콧을 공식화했다. 영국, 호주, 캐나다, 뉴질랜드도 동조할 가능성이 크고 일본도 동참 가능성을 열어둔 상태"라며 "정부도 베이징 동계올림픽 외교적 보이콧에 동참하라"고 촉구했다.

국제사회의 결정에 동참해야 자유 민주국가들의 힘이 되는데, 여기에서 왕따를 당하면 복잡해지지 않겠는가? 그것 때문에 국제 인권단체 여러 곳에서 우방국들과 함께 외교적 보이콧을 선언하라고 하는 것이다. 사실 공산주의를 떠나서, 중국은 인권문제만 가지고도 보이콧을 해야 한다. 엄청난 인권탄압이 이루어지고 있을 뿐만 아니라 전 세계를 공포로 몰아넣은 코로나 발생국 아닌가. 그런데도 사과는커녕 남의 나라 탓만 하고, 자기 나라로 들어오는 것을 오히려 차단하라고 억지를 부리고 있지 않은가 말이다. 외교적 보이콧을 하지 않으면, 돈만 많으면 무엇이든 해도 된다고 정당화시키는 것일 뿐만 아니라 올림픽 정신에도 맞지 않는다.

국제사회 인권 탄압국인 중국과 북한 인권에 대해 한 목소리를 내기 위해 가장 좋은 것이 베이징올림픽 보이콧이다. 올림픽 자체를 보이콧하자는 것도 아니다. 선수들은 경기에 참여하되, 외교적으로는 베이징올림픽을 보이콧하자는 것이다. 다른 나라들은 하는 것을 왜 우리 정부만 안하려고 하는가? 이런 의미에서도 전직 외교관들이 윤석열 후보를 지지하는 것이다. 지지행렬은 앞으로도 더 늘어날 것이라고 한다. 전직 검찰들, 군인들, 경찰들, 나라를 생각하는 사람들이 뭉치고 있고, 이재명 후보는 문재인 대통령 때문에 고립되고 있다.

102세 김형석 교수의
한 마디

　예전에는 큰 정치인들이 한 마디 하면 국민들이 움직였는데, 지금은 정치인들의 말에 움직이지 않는다. 그런데 2021년 9월13일, 102세 철학자 김형석 교수가 조선일보와의 인터뷰에서 엄청난 이야기를 했다. 이 말에 국민들이 움직일 것 같다.

　김형석 교수는 1920년 일제 강점기에 태어나 공산 치하에서 살아봤기 때문에, 민주주의와 국가가 얼마나 소중한지를 잘 안다. 그런데 지금 60~70년간 쌓아 올린 우리나라가 무너지는 기분이며, 대한민국이 법치국가에서 다시 권력국가로 돌아갈까 두렵다고 했다. 문재인 정부가 언론중재법, 주택임대차보호법 등 불필요한 법을 급조해 국민을 더 불행하게 한다는 것이다. "문 대통령이 취임사에서 약속한 나라와는 완전히 다른 나라가 됐다. 뭐든지 법과 권력으로 해결하려 든다."면서 "언론중재법이 무엇이냐 묻는다면 언론통제법이라고 답하겠다. 언론을 통제하는 나라는 후진국이다. 이는 정권을 유지하기 위해 부끄러운 역사를 만드는 일"이라고 일갈했다.

그는 다음 대통령은 국민의 신뢰를 되찾을 수 있는 사람이 돼야 한다고 말했다. "정권을 위한 정치가 아니라 국민을 위한 정치를 할 사람을 뽑아야 한다."고 강조하면서 "자유민주주의를 지켜야 한다는 의지가 강했고 그릇이 크더라. 좋은 일꾼만 함께 하면 괜찮을 것 같다."고 대권 주자인 윤석열 전 검찰총장을 언급했다. 그리고 "결국은 애국심으로 국민들이 깨어날 것이다. 아닌 것은 아무리 분칠을 해도 아닌 것이다. 국민들이 봉기한다."고 했다. 우리나라는 그래 왔다는 것이다.

김형석 교수의 인터뷰를 보면 윤석열 후보를 지지하는 것 같다. 100세 넘은 노학자가 대통령 후보를 응원하면서 어떤 부귀영화를 바라겠는가? 그저 한평생을 살아온 이 나라를 위해 마지막 유산을 남겨주고 싶은 것이다. 그의 일갈이 내 귀에는 '국민들이 통렬히 일어나서 심판하라'는 말로 들렸다. 그리고 윤석열에게 '대통령이 되어서 이 나라를 바로 세우라'는 무거운 숙제를 주는 것으로 받아들여졌다.

부정선거에 대한 이야기는 안했지만, 그는 국민이 일어나야 한다고 강조했다. 우리는 전쟁의 폐허에서 대한민국을 건설했고, 유례없는 압축 성장을 이룬 사람들에게는 저력과 안목이 있다. 이런 국민들에게는 문재인 정권의 폭정을 비판할 자격이 있고, 결국 국민들이 일어날 것이라는 것이다. 그렇다. 일어나야 한다. 선배님들이 세우고 지켜온 나라를, 몇 년 만에 경제를 말아먹은 현 정부와 비슷하거나 더할지도 모르는 이재명 후보에게 넘겨줄 수는 없다.

정권 교체에 실패한다면 국민의 힘과 윤석열 후보가 심판을 받아야 한다. 무거운 책임감으로 임해야 한다는 이야기다. 개인적으로 탄압을 받아서가 아니다. 국민들의 부름을 받아서 인기가 있으면, 그만큼의 책임도 주어진다. '가두리 어장이나 다름없는 국민의 힘에 들어가면 갖은 공작이 들어오고, 당에서 그것으로 난도질을 할 것이다'고 했는데도 자신 있게 국민의 힘에 입당했으면, 책임지고 헤쳐 나가야 한다.

백선엽 장군이 다부동 전투에서 '내가 한 발짝이라도 물러나면 총을 쏘라'고 했던 것처럼, 한 발짝도 물러서면 안 된다. 그런 각오도 없이 대통령이 되겠다고 나서지는 않았을 것이다. 각오하고 나왔으면 제대로 싸워 달라. 제대로 싸우려면 부정선거라는 급소를 찔러야 한다. 대법원 무서워하고 선관위 무서워하면 안 된다. 칼을 뽑아들고 제대로 공격해야 한다. 그렇게 하지 못하면 우리나라도 베네수엘라나 필리핀처럼 되고 말 것이다.

2019년부터 윤석열을 예측했던 지만원 박사

2021년 11월 21일, 지만원 박사와 통화를 했다. 다음은 '문재인 대통령의 임기가 얼마 남지 않은 시점에서 어떻게 보고 있는가?' 라는 질문에 대한 지만원 박사의 대답을 정리한 것이다.

문재인 대통령은 아직까지 대통령 자리에 앉아있을 수가 없는 사람인데, 코로나19라는 비극적인 사태를 가지고 국민을 농락하고 있다. 음식점에도 못 가게 해서 하루 벌어 하루 먹고 사는 소상공인들을 빚더미로 내몰고, 대한민국 경제를 다 말아먹고 있다. 2019년 10월 28일 광화문에서 집회할 때 나는 "문재인 대통령은 오래 가지 못할 것이다. 문재인 대통령을 권좌에서 끌어내릴 수 있는 유일한 존재가 윤석열이다."라고 예측을 했다.

당시만 해도 윤석열 후보가 정치권에 이름도 오르지 않았기 때문에, 함께 있던 사람들이 굉장히 의아해 했다. 그래서 나는 전두환 전(前) 대통령에 빗대어 이야기를 했다. 전두환 대통령이 처음에는 스스로 집권하려는 생각이 없었는데, 별 두 개 달고 있을 때

박정희 대통령이 총에 맞았다. 당시 보안사령관이었던 전두환이 차를 타고 돌아다니면서 여기저기 전화를 해보니, 전부 입을 닫고 말을 하지 않았다. 박 대통령이 있는 청와대 옆 국군병원에 전화해보니 당직소령도 말을 못했다. 감시받고 있다고 생각한 그는 국방부로 가서 정승화 계엄사령관이 부른다며 김재규를 불러 서빙고로 보냈다.

김재규를 가두자 정승화 계엄사령관이 전두환 보안사령관을 압박하면서 김재규를 보호했다. 그래서 하나회를 필두로 12·12 사태를 일으켜 군을 장악한 것이다. 별 두 개에 40대였던 전두환이 선배들에게 쩔쩔 맬 때였는데, "정권 잡아라, 너밖에 없다."는 선배들의 분위기에 밀려 1980년 9월1일 대통령이 된 것이다. 김대중은 1980년 5월 10일 호텔에 모여서 혁명 내각을 만들었다. 전두환은 김대중 혁명 내각의 사람들을 체포하고 시국을 진압해 나갔다. 전두환이 유능한 사람들을 많이 확보하고 있었기 때문에, 그 사람들이 시국을 진압해 나간 것이다.

정보를 가진 사람이 이기는 것이다. 그래서 윤석열 총장이 정치 일선에 모습을 드러내지 않았던 2019년에도 나는 그를 지목할 수 있었다. 당시 윤석열 총장이 수사 상황과 정보를 가지고 있었기에 그쪽은 알 것이라고 판단한 것이다. 그리고 예측했던 대로 당시 아무도 주목하지 않았던 윤석열 후보가 야당의 대선주자로 결정됐다 대선 주자가 된 이상, 윤석열 후보는 멋쟁이가 되어야 한다. 내가 하고 싶은 말은 멋쟁이 대통령이 되느냐 보다, 멋쟁이가 되느냐 아니냐가 중요하다는 것이다. 대통령이 꼭 되어야겠다고 생각하면 계산이 치사해진다. 하지만 사즉생(死卽生), 죽으려고 하면 살 수 있다. 대통령이 되지 않아도 좋으니 나는 멋진 사람이 되겠다고 생각하고 행동하면, 표가 그냥 들어온다. 멋쟁이는 이겨도 멋이 있고 져도 멋이 있다.

대통령이 되려고 치졸한 계산을 하지 말라. 자꾸 민주당 텃밭인 전라도에 가는데, 윤석열 후보는 전라도에 아무리 공들여도 많은 표 얻지 못한다. 박근혜 전 대통령이 대통령 선거 유세기간의 60%를 전라도에 투자했지만, 득표율은 고작 2~3%정도밖에 안 나왔다. 지금도 마찬가지다. 전라도 지지율 5% 이하다. 그 적은 표를 얻으려고 공을 들이면 집토끼가 달아난다. 이제까지 신뢰하고 따랐던 사람들이 떠나간다.

산토끼 잡으려다 집토끼를 더 많이 잃는 우를 범하면 안 된다. 선이 굵어야 한다. 언 발에 오줌 누듯 땜질식 처방을 하면 인간이 망가지고, 망가져서 멋없는 사람이 되면 표가 없어진다. 멋쟁이가 되어야 한다. 멋쟁이가 되면 민중은 따라온다. 윤석열은 굵은 정치를 하고 멋쟁이가 되어야 한다.

검찰이 문재인 정권의 눈치를 보고 있지만 임기가 끝나가고 있다. 검사들도 계산을 한다. 누가 썩은 동아줄을 잡겠는가. 따라서 이재명이 여러 혐의로 구속되어 수사를 받는 것은 시간문제라고 본다. 민심이라고 하는 것이 기류가 있는데 그것을 검찰 몇 명이 돌리려고 하면 되겠는가?

조은산과 1인 시위를 하는 사람들, 그리고 서초의 달밤

윤석열 후보가 '문재인 대통령에게 바치는 시무7조'로 화제가 되었던 논객 조은산을 한 식당에서 만나 100분가량 이야기를 했다고 한다. 조선일보에 의하면 이 자리에서 윤석열 후보가 '타이슨 같은 정치를 하고 싶다. KO를 노린다.'고 말했다고 한다.

필자도 얌전한 기질은 아니어서 어려서부터 사고를 많이 쳤는데, 윤석열 후보를 보면 서울법대를 졸업하고 검사가 된 모범생임에도 불구하고 범생이 기질이 아니다. 소주 마시는 폼이나 인터뷰하는 폼을 보면 사고도 좀 치고 한 가닥 했던 사람, 말하자면 공부만 한 사람은 아니라는 생각이 든다.

핵주먹 타이슨은 58전 50승 중 무려 44번을 KO로 이겼다. '타이슨처럼 KO를 노린다'는 윤석열 후보, 그의 인기가 하늘을 찌르는 것은 국민들이 바라는 것을 윤석열이 채워줄 것 같아서다. 타이슨처럼 KO를 시키고 싶다고 하지 않는가? 국민들은 맞더라도 굴하지 않고 싸워서 KO시키는 사람을 원하고, 윤석열 후보가 그것을 해줄 것 같으니까 좋아하는 것이다.

말하자면 윤석열 후보는 감각이 있다. 국민들이 무엇을 원하는지를 알고 국민들의 심정을 공유한다. 감각은 타고 나는 것이지 노력한다고 해서 익혀지는 것이 아니다. 타고난 끼와 감각은 노력으로도 어쩔 수 없다. 그래서 윤석열 후보의 인기가 올라가는 것이다. 여론조사를 제대로 하면 지지율은 더 높을 것으로 본다. 그런데 요즘 정부의 눈치를 보느라 왼쪽 깜빡이를 켜는 사람들이 많아서 여론조사가 제대로 되지 않고 있다.

윤석열 후보에 대한 기대가 크다. KO를 시키려면 자잘한 펀치에 맞는 것은 신경을 쓰지 않아야 한다. KO를 시키려면 일단 국민의 힘부터 정리해야 한다. 변절자들, 보수도 진보도 아닌 팔색조들, 이랬다저랬다 현란한 사람들을 정리해야 한다.

대선 후보가 된 후 윤석열의 행보도 무척 마음에 든다. 국민의 힘 103명의 국회의원에게 일일이 찾아가서 한 수 가르쳐달라고 했다지 않는가. 아무나 그렇게 하지 못한다. 자존감이 높고 스스로 든든한 것이 있어야 다른 사람에게 고개를 숙일 수 있다. 지갑에 돈이 없으면 시장 통 순대와 떡볶이 냄새만 맡아도 먹고 싶어 군침이 돌지만, 지갑이 두둑하면 좋은 냄새를 맡아도 남에게 베풀 수 있다. 윤석열 후보에게는 한 수 가르쳐달라고 머리를 조아리는 내공이 있다. 조은산과의 대화에서 윤석열은 '법이 무너져서 이

나라가 이렇게 됐다. 법질서가 붕괴되고 대다수 서민들이 그 피해를 보는 것 같아서 송구하다.'고 했다고 한다. 그래서 법질서를 완전히 뒤집어 놓겠다고 한다. 이것도 공감이 된다.

우리 국투본(4·15 부정선거 국민투쟁본부)이 광화문에 처음 둥지를 틀고 사무실을 냈던 것은 광화문에서 집회에 참여하고 방송하기 위해서였다. 그런데 지금은 광화문을 모두 덮어버리는 바람에 광화문 시위를 못하게 되었다. 그래서 요즘은 서초동에서 뜻 있는 사람들이 매일 1인 시위를 하고 있고, 우리 사무실도 서초동으로 옮겼다. 우리는 민경욱 대표를 축으로 1인 시위를 하고 있는 분들과 마음을 함께 한다.

서초동은 법조타운이다. 대법원과 검찰청 앞에서 시위하는 사람들과 뜻을 같이 한다는 의미에서 '서초의 달밤'이라는 새로운 프로그램을 시도하고 있다. 달밤이 누구를 의미하는지는 독자들도 짐작할 것이다. 캄캄한 밤의 세상은 해가 떠오르면 사라진다. 우리는 서초의 지는 달밤을 오롯이 보고자 한다.

질서 파괴를 바로 잡겠다는 윤석열 후보 파이팅! 그를 지지하는 사람들과 '서초의 달밤'도 파이팅!

'빅 플레이트'

2021년 7월 2일, 윤석열 당시 검찰총장이 원희룡 당시 제주도 지사를 종로구의 한 한정식당에서 만났다. 두 사람은 3시간 반 동안 술을 마시며 이야기를 나눴다고 한다.

서울대 법대 출신인 윤석열과 원희룡은 같은 이념 서클에서 활동한 사이로, 윤석열 후보가 형이다. 이 자리에서 윤석열 후보는 갈라치기 하지 말고 덧셈을 하는 덧셈정치를 하자고 했다고 한다. 박정희 전 대통령과 김대중 전 대통령도 언급하면서, 역사 속에서 축적되어서 대한민국이 있는 것처럼 덧셈 정치를 하자고 했고, 큰 그릇 빅 플레이트 이야기도 했다고 한다. 원희룡 지사도 국민 대통합 차원에서 큰 계산을 하자고 동의를 했다고 한다.

두 사람이 만나서 빅 플레이트를 논했지만, 윤석열 후보가 제안한 빅 플레이트와 원희룡 지사가 제안한 빅 플레이트가 같은지는 모르겠다. 어쨌든 큰 그릇 빅 플레이트에 서로 다른 의견과 생각, 집단들을 담자는 것인데, 개인적으로는 윤석열 후보가 '내가 큰 그릇 빅 플레이트를 만들겠다, 국민의 힘도 들어오는데 당신도 협조해 달라'고 이야기했을 수도 있다고 생각한다. 왜냐하면 7월 1일부터 일주일 동안 윤석열이 매일 각계각층의 인사들을 만났는데, 다른 자리에서도 빅 플레이트 이야기를 했다고 전해지기 때문이다.

윤석열 후보는 원희룡 지사에게 "당신이 대통령을 해야 하는데 지지율이 영 오르지 않고 있으니.." 라는 이야기를 했다고 한다. 원희룡 지사도 국민의 힘 대권주자지만 지지율이 낮으니 자신에게 들어오라는 의미일 것이다. 그때까지만 해도 국민의 힘 외부에 있었기 때문에, 섣부른 추측이긴 하지만, 한참 나이어린 당 대표보다는 후배인 원희룡 지사를 만나서 빅 플레이트 이야기를 하면서 당 전체가 들어와도 좋고 후배님이 들어와도 좋다고 한 것은 아닐까.

원희룡 지사의 빅 플레이트가 나는 궁금하다. 원희룡 지사는 유승민 전 의원이나 하태경 의원 등과의 공통분모도 있지만 다른 분류도 있다. 그것을 윤석열 후보가 갈라치기 한 셈인데, 원희룡 지사가 어떻게 받아들였는지는 모르겠다.

3시간 반 동안 이야기를 나누었다면 간단한 이야기를 한 것은 아니다. 윤석열 후보는 악수하는 식의 짧은 만남은 가지지 않는다고 전해진다. 두 사람의 대화 후에 윤석열 후보가 먼저 나오고 30분 후에 대학 후배인 원희룡 전 지사가 나왔다고 한다. 윤석열 후보에게 30분 먼저 나가라고 배려한 것은 어느 정도 순위가 정해

졌기 때문 아닐까?

어찌됐건 두 사람의 도원결의는 그때 이루어졌다. 당시 나는 이 봉규 TV에서 두 사람의 생각이 다른 도원결의인지 생각이 같은 도원결의인지, 윤석열의 빅 플레이트와 원희룡의 빅 플레이트가 같을지 다를지는 조금 더 지켜보자고 했는데, 2022년 1월 현재 두 사람은 같은 팀이 되어 있다.

지금 생각해 보면 당시 내가 짐작했던 대로, 윤석열 후보가 한 사람씩 한 사람씩 유비식 도원결의를 맺으면서 자신의 빅 플레이트에 합류시킨 것 같다. 윤석열 후보는 줄줄 구술할 정도로 삼국지와 손자병법에 통달해 있다고 한다. 이대로 큰 그릇에 사람과 조직을 담으면서 나아간다면, 반드시 윤석열 후보는 성공한다.

용기를 가지시라. 큰 그릇을 만들고 필요한 사람들과 조직들을 빅 플레이트에 담기 바란다. 겁내지 말고 큰 그릇을 쫙 펼치면 국민들이 들어오게 되어 있다. 국민들을 빼놓고 보수니 큰 그릇이니 작은 그릇이니 하면 무슨 소용 있는가? 특히 보수성향의 국민들이 외면하면 그만이다. 중도좌파? 어차피 그들은 선거에서 국민의힘과 윤석열 후보를 찍지 않는다. 이재명 후보를 찍든 다른 대선후보를 찍든, 민주당과 친여 성향의 후보에게 표를 준다. 보수성향의 국민들을 윤석열의 큰 그릇에 담아야 한다. 그러면 더 많은 사람들이 당신을 지지할 것이다.

이준석인가
나경원인가

2021년 6월 2일에 이봉규 TV에 올렸던 내용을 소개한다.

윤석열의 정치 시계가 본격적으로 돌아가고 있다. 이제는 신중하게 포석을 두는 것이 아니라, 다 세팅된 계획을 가지고 진격하는 것 같다. 정치권 사람들을 본격적으로 만나고 있다. 그리고 윤석열 본인은 이야기를 안 하는데 윤석열과 만난 사람들이 이야기를 하니까, 결국은 윤석열 총장이 이야기한 것과 다름없게 되는 상황들이 연일 펼쳐지고 있다.

장제원 의원을 만나서 '나는 몸 던질 것이다.'라고 하고, 정진석 의원, 권성동 의원 등 4선 5선 국회의원들을 만나서 타진하고, 초선인 윤희숙 의원도 만나서 '같이 정치하자. 국가를 위해 몸 던진다.'고 했다고 한다.

윤희숙 의원은 같이 정치하자는 이야기에 "그렇다면 국민의 힘에 입당하라."고 했다고 한다. 그러자 대답을 하지 않고 허허 웃었다고 하는데, 그 웃음의 의미는 잘 판단을 해야 할 것이다. 하여튼 국민의 힘 중진들과 초선 의원까지 거의 만나고 있다는 것은, 국민의 힘 입당을 결정한 것으로 보인다. 하지만 본인 입으로 국민의 힘에 입당하겠다는 이야기는 전혀 하지 않고 있다.

윤석열의 국민의 힘 입당은 어쩌면 그가 만난 사람들의 희망사항이다. 따라서 그 사람들을 만나면 스스로 말하지 않아도 이야기가 계속 나가게 된다. 월마트 전법이다. 월마트는 대도시 도심을 공략하는 것이 아니라 도심 외곽을 먼저 공략한다. 변두리 사람들이 월마트에 와보고 소문을 내기 시작하고, 그 소문이 도심으로 전파가 된다. 외곽에 만들고 어느 정도 분위기 무르익었을 때 도심에 월마트가 딱 들어서는 것이다. 홍보 효과는 말할 것도 없다.

미국이 공산세계를 점령할 때도 코카콜라나 월마트부터 들이민다. 공산주의 국가 사람들을 자본주의의 상징인 코카콜라와 월마트에 먼저 물들인 다음, 본격적인 공략을 시작하는 것이다. 지금 전 세계 국가에 미국식 자본주의가 들어가지 않은 나라가 없다. 윤석열은 이런 전술에도 아주 능한 것 같다.

다시 말해서 자기 입으로 '나는 국민의 힘과 어떻게 타진해보겠다'는 말을 일절 안하면서 국민의 힘 사람들을 만나서 밥 먹으며 "나 좀 도와 달라"고 하면, 그 사람들이 "윤석열 총장이 국민의 힘에 입당할 거래요." 하고 희망사항을 이야기하면서 분위기를 몰아가는 것이다. 당시 국민의 힘 전당대회가 6월 11일이었다. 만일 전당대회 끝나고 잔치 하는데 이 사람 저 사람을 만나면 오해할 수도 있고 김 빼기 작전으로 보일 수도 있었을 것이다.

사실 나는 당시에 국민의 힘 대표가 나경원이 되는지 이준석이 되는지 보고, 최고의원은 누가 되는지, 국민의 힘 당 구조가 어떻게 되는지 보고 국민의 힘을 접수하러 들어갈 것이라고 생각했다. 그런데 지금 생각해보면 당시에 미리 계획을 세웠던 것 같다. '내가 국민의 힘에 들어가게끔 판을 깔라'는 메시지를 당원들한테 보낸 것이 아닌가 싶은 것이다. '나는 국민의 힘과 함께 대권을 탈환하려고 하는데, 내가 잘 싸울 수 있는 판을 만들어 줘야 국민의 힘에 들어가겠다. 그렇지 않으면 나는 제3지대에 대선캠프를 꾸리겠다.'는 메시지를 국민의 힘 당원들에게 계속 던졌던 것은 아닐까?

윤석열이 국민의 힘에 입당할지도 모른다고 하면, 핵심 당원들은 30대 이준석과 서울대 법대 선후배인 나경원을 저울질할 것이다. 이준석 대표와 유승민 대선후보보다는 나경원 대표와 윤석열 대선후보 구도가 더 낫다는 메시지를 던지고, 입당하기로 마음을 80%쯤 굳혔지만 나머지 20%는 당원들이 만들어달라고 한 것 아니었을까? 당시 나는 그 메시지를 윤석열 후보가 계속 보내고 있다고 생각했다. 그래서 전당대회 때 당원들이 어떻게 결정하느냐에 따라 윤석열이 싸우기 편한 판이 만들어지는지 아닌지가 결정

될 것이라고 보았다.

결과적으로 국민의 힘은 이준석 대표의 손을 들어주었다. 그 선택을 얼마나 많은 당원들이 후회하고 있을지는 모르겠지만, 윤석열의 노련함은 여전히 빛을 발하고 있다. 국민의 힘 대권주자로 선출되어 승승장구 지지율을 올리고 있으니 말이다.

경제 과외,
정승국 교수

2021년 4월, 대통령 후보 여론조사 결과가 윤석열 1등, 이재명, 이낙연 순으로 나왔다. 주춤했던 윤석열의 인기가 다시 올라간 것이다. 윤석열은 대권 선두주자로 나서면서 경제 외교 안보 국제문제에 관해 책도 많이 보고 유튜브도 보면서 공부를 많이 했다. 특히 경제문제에 심혈을 기울였다. 그리고 4월 어느 날, 음식점에서 정승국 중앙 승가대 교수를 만났다. 그 자리에서 정승국 교수는 청년 실업문제가 심각하며, 이것이 최우선 과제라고 경제 과외를 시킨 것으로 보인다.

나는 윤석열 후보의 이런 스타일이 전두환 스타일과 많이 흡사하다고 본다. 전두환 대통령 개인을 말하는 것이 아니라 스타일을 이야기하는 것이다. 전투환 스타일은 형님 리더십이다. 동생들을 거느리고 쿠데타를 일으킨 것 아닌가? 군인은 아니지만 윤석열 후보도 '내가 접수한다'는 식의 쿠데타에는 자신이 있는 것 같다. 생각해보라. 정권을 접수하지 않을 사람이 외교 공부, 경제 공부부터 하는가? 아니다.

접수하는 것 자체에 자신이 없는 사람은 먼저 '어떻게 접수할까' 부터 공부한다. 어떻게 세력화할까, 어떻게 선거에서 이길 것인가를 공부한다. 왜냐하면 선거가 1년 앞으로 다가왔으니 마음이 급해서 창당을 해야 하나, 캠프를 어떻게 꾸려야 하나, 얼마나 머리가 복잡하겠는가? 그런데 윤석열 후보는 경제 공부부터 시작을 했다. 어쩌면 대선 후보와 대권을 잡을 수 있다고 설정한 것 같다. 경제 가정교사를 만나서 경제 공부를 하고 국가적으로 시급한 것을 공부한다는 것은, 접수는 자신 있다는 이야기 아닐까?

전두환 전 대통령도 그랬다. 대통령도 되기 전에, 대통령 되면 무슨 일부터 해야 할까를 연구했다. 그리고 당시 서울대 출신 스탠포드대 경제학 박사였던 김재익 박사에게 시급한 것이 무엇인지를 배우고 경제 교육을 받는다. 대통령이 되고 난 다음에는 김재익 박사를 경제수석으로 임명하고 우리나라 경제를 그에게 맡기면서, '경제는 당신이 대통령'이라며 전폭적으로 지지를 보냈다. 경제교육을 받으면서 그의 실력을 알았기에, 그에게 맡기면 우리나라 경제를 성공시킬 수 있다고 믿은 것이다.

윤석열 후보 역시 형님 리더십을 가지고 있다. 고시공부를 할 때 자신은 9수를 하면서 고시공부 하는 동생들 술 사주면서 챙겨줬다고 한다. 지금도 정승국 교수뿐만 아니라 다른 교수들도 만나서 경제 공부를 하는 것으로 알려지고 있는데, 대통령이 된다면 이런 전문가들을 경제수석이라든가 경제 관련부처 장관으로 임명할 것이다.

전두환 식 형님 스타일 리더십을 가진 윤석열 후보의 집권 전략이 어떤 스텝을 밟아 가는지 앞으로 지켜보자. 이미 승기를 잡았다고 생각하고 '대한민국을 어떻게 발전시킬 것인가'를 공부하는 형님 리더십, 그러면서도 필요한 것은 전문가에게 맡기고 자신은 큰 그림을 그리는 리더십, 멋있지 않은가?

물론 이것은 윤석열 후보를 개인적으로 만난 적 없는 이봉규의 개인적인 해석이다. 틀릴지도 모르지만, 민주주의 국가에서 추측도 못할까? 하여튼 내가 생각하기에, 윤석열 후보는 보통이 아닌, 기대해도 좋은 물건임에 틀림없다.

바람보다 빨리 눕고
바람보다 먼저 일어나는 민초

다음은 2021년 3월 17일, 호국불교승가회 대표인 성호스님과 대화를 나누고 스님의 견해를 정리한 것이다.

흘러간 물은 다시 돌아오지 않아야 한다. 역류하면 파장이 일어난다. 지금 온 나라가 시끄러운데, 그 이유는 거역이니 적폐청산이니 하면서 과거로 역류하기 때문이다. 김수영 시인은 '풀'이라는 시에서 '풀이 눕는다. 바람보다도 더 빨리 눕는다. 바람보다도 더 빨리 울고 바람보다 먼저 일어난다.'고 읊었다. 우리 국민들은 민초라고 하지 않는가. 민초들이 누웠다가 벌떡 일어나고 있다. '바람보다 먼저 눕고 바람보다 먼저 일어난다.'는 시가 지금 이 시국에 딱 들어맞는다.

과거 박정희 대통령 시절 독재라고 하면서 '임을 위한 행진곡'을 불렀는데, 지금 이 나라에 임을 위한 행진곡이 필요하다. 지금이 진짜 때다. 잡초의 생명력은 민중을 의미한다. 민초들이 도처에서 일어나고 있다. 오거돈 부산시장과 박원순 서울시장을 배출한 정권이 무슨 낯으로 선거를 치르려고 하는가. 겸손해야 할 대통령 사저에 경호실이 왜 필요하며, 대통령이 왜 농민인가? 대통령이 농민과 투잡을 하는 마당에 어떻게 LH를 탓하는가?

촛불시위를 할 때는 열어두었던 광화문 광장을 어르신들이 태극기 가지고 시위를 하자 시위를 할 수 없도록 뒤집어엎어 버렸다. 광화문은 대한민국의 대문이다. 문 앞을 뒤집어엎으면 나라가 망하게 되어 있다. 한양이 수도가 된 이후 광화문은 변함없이 뚫려 있었는데, 그 광장을 뒤집어엎었으니 정권이 바뀌면 원상회복해야 한다.

지금은 무법천지다. 선거재판은 6개월 안에 끝내는 것이 원칙인데, 해를 넘겼음에도 결론은커녕 시작도 하지 않고 있다. 민초가 바람보다 빠르다. 풀이 눕는다. 누웠지만 또 일어난다. 지금 이 시대를 보고 김수영 시인이 그 시를 쓴 것처럼 생각될 정도다. 문재인 대통령의 출생의 비밀과 친인척 문제만 해도 시민단체와 야당에서 고발하는 사람이 없다. 문재인 대통령이 특별감찰관을 임명하지 않고 있기 때문이다. 굉장히 중요한 자리인데 왜 임명을 하지 않는가? 그래서 대통령의 아들 문제를 비롯한 친인척 비리가 터지는 것이다.

윤석열 총장도 그런 정보를 받았을 것이다. 나는 대한민국 역사상 윤석열 총장 같은 대단한 분은 드물다고 본다. 어쨌든 박근혜 대통령을 잡아넣은 사람도 윤석열이고 문재인 대통령을 만든 사람도 윤 석열이다. 문재인 대통령 측에서 토사구팽 하듯 사냥개로 이용하고 죽이려고 윤석열 총장을 펄펄 끓는 솥에 넣었는데, 그는 죽지 않고 튀어나와버렸다. 이것을 어떻게 감당할 것인가? 그러다 보니 국민들이 환호해서 지지율이 이렇게 올라가는 것이다.

박근혜 대통령이 순순하게 대통령 자리에서 내려갔고 문재인 대통령의 시대가 열렸으니, 그것만 보면 보수 세력이 좌파 세력에게 죽은 것 같다. 하지만 아니다. 민초들이 바닥에서 풀처럼 다시 일어나고 있지 않은가.

9장_윤석열의 과제

윤석열의 과제

　윤석열 후보가 한국 방송기자 클럽 초청 토론회에서 박근혜 대통령을 수사했던 것에 관해 '아무리 공직자로서 직무였다 해도 정서적으로 대단히 미안한 마음을 인간적으로 가지고 있다. 당시 탄핵 이후 구속 조치된 것을 담당하지는 않았지만 중앙지검장 된 후에 몇 가지 여죄에 대해 수사를 했다.'라고 밝혔다. 그리고 '박근혜 대통령의 건강이 굉장히 악화되어 있는데, 그분의 건강이 우선인 상황에서 내가 찾아가는 것이 건강회복에 바람직하지 않을 것이다. 지금은 박근혜 대통령의 조속한 건강회복을 바랄 뿐이다.'라고도 했다.

　부인인 김건희 여사에 관해서 '모든 것이 내 불찰이니 용서해달라'고 화끈하게 사죄를 했던 것에 비하면 다소 약하다. 조금 더 적극적으로 사과했으면 좋았을 것이라는 아쉬운 마음이 크다. 하자만 윤석열 후보가 대통령 선거에서 이겨야 하는 절체절명의 입장에서 정치적 고려를 했고, 당시 국민의 힘 사무총장이자 선거캠프에서 중요한 역할을 하는 권성동 의원이 박근혜 대통령 탄핵에 앞장을 섰던 사람이라는 복잡한 상황에서 나름대로 고민에 찬 입장표명을 한 것이다. 그러면서 이명박 전 대통령에 대해서도 '전직 대통령에 대한 사면처리는 국민 통합 차원이므로 사면했어야 한다.'고 했다. 참 복잡하다.

'박근혜 대통령에게 대단히 마안한 마음을 인간적으로 가지고 있다.'라는 표현까지 썼으면, 어느 정도 우리가 이해해 줄 수 있다고 본다. 박근혜 대통령을 따르는 사람들 마음에 차지 않을 수도 있지만 백묘흑묘론이 있지 않은가. 비록 원죄는 있지만, 검은 고양이든 흰 고양이든 쥐를 잡는 고양이가 훌륭한 것이다. 박근혜 전 대통령의 건강도 안 좋은데 화끈하게 적극적으로 사과했더라면 보수 성향의 지지자들에게서 표가 더 나올 텐데 싶지만, 시간이 없으니 조금씩 양보해서 말을 아끼고 정권을 교체하는데 힘을 보태야 하지 않나 싶다.

윤석열 후보가 박근혜 대통령을 감옥으로 보낸 사람이어서 지지할 수 없다는 사람도 있지만, 대선에서 지기를 바라는 보수 세력은 없지 않은가. 자식이 말썽을 피워도 내 자식을 버릴 수는 없다. 어느 정도 혼내고 반성의 기미가 있으면 '일단 집으로 들어와라, 우리는 식구다' 하고 뭉쳐서 싸워야 하지 않겠는가. 절체절명의 목표는 정권 교체이므로, 이제 윤석열 후보를 도와주자. 일단 정권 교체를 한 다음에 국민들이 요청할 것은 요청하고 군소정당에서 요청할 것은 요청하는 것이 옳다고 본다. 지지자들까지 비난하지 말고 힘을 모아야 할 때다. 후보자들의 토론도 남았으니, 앞으로도 또 이야기할 것이다. 시민들도 최종 목표를 향해서 마음을 다지고 참고 쓸어내리고 해야 한다.

상대의 급소를 찔러라, 부정선거 이슈화

2021년 9월, 국민의 힘 경선후보 TV토론이 TV조선에서 생중계 되었다. 시청률도 좋았고 유튜브에서도 관심이 컸는데, 그중 백미는 황교안 후보가 부정선거에 대해 터뜨린 것이다. 그동안 메이저 언론들은 부정선거에 대해 입을 닫고 있었다. 그런데 황교안 대표가 부정선거 팸플릿을 들고 나와서 윤석열 후보와 홍준표 후보에게 4.15 총선에 대해 입장을 밝히라고 요구를 한 것이다.

황교안 후보가 공안검사 출신이어서 예리한 면이 있다. 생중계 되었기 때문에 주류 언론도 이제는 주목하지 않을 수 없게 되었다. 재검표 판결이 있어야 할 시기에 황교안 후보가 부정선거 투표용지 등 부정선거의 증거들을 팸플릿으로 만들어서 나왔고, 홍준표 후보는 머뭇거렸지만 윤석열 후보는 '이상한 점이 있었다. 앞으로 관심을 갖겠다.'고 했다. 윤석열 후보도 관심을 가지면 이제 판이 완전히 달라질 수도 있다.

무엇보다도 부정선거 문제가 전 국민에게 생중계로 전파를 탔다는 것이 중요하다. 부정선거에 대해 생각조차 안하고 있던 사람들이 관심을 갖는 계기가 되었다. 사람들이 검색하거나 유튜브를 보면서 더 큰 관심을 가질 수도 있고, 앞으로도 TV토론에서 계속 언급되면 언론들과 대법원, 선관위도 압박을 느껴서 제대로 재판을 할 수도 있다.

4.15 부정선거를 잊으면 안 된다. 황교안 후보에 이어서 윤석열 후보도 관심을 가지고 본다고 하고 최재용 후보도 부정선거에 관심을 가지자, 대선판 핵심으로 부정선거가 등장했다고 에프엔투데이(FNtoday)에서 보도를 했다. 그러자 언론사들이 화들짝 놀라면서, 이제는 부정선거가 공론화되고 있다. 민경욱 대표와 1인 시위 변호사 팀들이 알리려고 노력을 해왔음에도 불구하고 그동안 묻혀왔던 부정선거가, 경선후보 토론회에서 부정선거 이야기를 공론화하자 언론사들도 보도하지 않을 수 없게 된 것이다.

그동안 우리가 얼마나 증거를 많이 댔는지 모른다. 재검표 나온 것, 서버의 문제점, 통계 이상한 것, 투표용지 봉투가 뜯어진 것 등이 모두 이상하다고 했는데, 언론사들이 그동안 입을 닫고 있다가 이제는 하는 수 없이 다루고 있다. 물론 논조는 마음에 들지 않는다.

노컷뉴스에서는 부정선거라는 단어 대신 부실선거라고 쓰면서, 대법원에 의해 사실무근이라고 밝혀졌는데 왜 그러냐고 보도

하고 있다. 이것은 가짜뉴스다. 대법원에서 아직 재판을 안 하고 있는데, 마치 부정선거 없는 것으로 판결이 난 것처럼 좌파 언론들이 보도를 하고 있다. 노컷뉴스 한겨레 같은 좌파 언론뿐만 아니라 조선일보 중앙일보 동아일보도 마찬가지로 믿을 수 없다. 대법원에서 판결이 난 것이 아니라 피고인 선거관리위원회에서 그렇게 주장을 하는 것이다. 말하자면 그것은 피고 측 입장이다. 중앙선관위가 피고인데, 그쪽에서 주장한 것을 그대로 결론인 것처럼 언론들이 보도하고 있다.

전국적으로 125곳의 선거구에서 재판이 진행 중인데, 단 한 군데도 아직 결론이 안 나왔다. 이것이 팩트다. 선거재판은 6개월 이내에 결론을 내야 하는데 1년 6개월이 지났는데도 결론을 안 내고 있어서 우리가 1인 시위하면서 이렇게 주장하고 있는 것이다. 언론에서 대법원이 문제가 없다는 결론을 내렸다고 보도하는데, 이것은 명백한 가짜뉴스다. 그래서 민경욱 대표는 이런 매체들을 언론중재위원회에 정식으로 제소하기 시작했다.

언론사들이 입을 다물고 있는 것은 일종의 카르텔이다. 처음부터 관심을 안 가졌기 때문에 부정선거라고 주장할 수도 없고 부정선거가 아니라고 주장할 수도 없으니까, 언론사들이 입을 다물고 있는 것이다. 부정선거에 관해서 결론 나온 것은 아직 한 군데도 없다는 것이 팩트다. 국민의 힘 103명의 국회의원들이 기자회견을 열거나 대정부 질의에서 부정선거에 관해 이야기하면 보도가 안 될 수가 없는데, 이야기를 안 하니까 보도가 안 나오는 것이다.

그런데 이제 윤석열 후보도 황교안 대표의 질문에 '부실한 선거다, 확실하게 검증해야 한다.'고 했으니, 국민의 힘 대선주자로 확정된 지금도 전향적인 자세로 부정선거 이야기를 해야 한다. 절대 포기하지 말고 부정선거에 관한 진실을 밝혀야 한다.

지옥문 열리는 헬조선,
윤석열이 구해내야 한다.

백영옥 소설가가 쓴 '지옥에 대하여'라는 칼럼을 소개한다.

연상호 감독의 '지옥'은 몇 날 몇 시에 죽음을 예고한 천사의 말이 실제 백주 대낮, 지옥의 사자들에 의해 시연되는 것으로 시작된다. 흥미로운 것은 이 황당한 설정에 아무도 이의를 제기하지 않는다는 점이다. '죄를 지었으니 지옥에 가야 한다'는 인과론에 우리가 100퍼센트 공감하기 때문이다. 문제는 딱히 큰 죄를 짓지 않았는데도 지옥에 가는 사람이 생기면서부터다. 지은 죄가 없는데 지옥에 가야 한다면 사람은 어떻게 될까. 음주 운전 차량에 남편을 잃었을 때, 어린 딸이 말기 암 진단을 받았을 때 우리는 생각한다. 무슨 일이 일어난 거지? 시간이 지나고 비극이 선명해지면 더 복잡한 질문이 우리를 파고든다. 대체 이런 일이 왜 '내게' 생겼을까? 단언컨대 이 세상 그 어떤 것도 이보다 두려운 질문은 없을 것이다.

오랜 시간 종교는 이 어려운 질문에 대한 답을 들려주었다. 원죄나 신의 섭리 같은 말로 말이다. 인간은 '의미' 없이 살아갈 수 없기 때문에 어떻게든 답을 찾고 의미를 부여하려고 한다. 하지만 "왜 내게 이런 일이 일어났을까?"의 답은 오직 자신만이 할 수 있다. 한쪽 팔을 사고로 잃은 여성을 보았다. 몸의 비대칭으로 인해 극심해진 척추 측만증 때문에 살기 위해 선택한 건 피트니스였다. 세계 대회를 휩쓸며 우승 트로피를 거머쥘 때마다 그녀는 자신에게 일어난 비극에 의미를 부여했다. 자신의 '비극'을 사람들에게 '희망'을 주는 일로 말이다. '외상 후 성장'이라는 기적이 일어난 것이다.

세상이 항상 정의롭고 공평한 것은 아니다. 좋아하는 한 신부님이 말했다. 나쁜 사람이 복을 받고, 착한 사람이 불행에 빠지는 경우도 있다. 삶이 그렇다는 것을 인정해야 나만의 행복을, 다행을 찾을 수 있다고 말이다. 인생이 원래 불공평한 것이라 인정하면 그때 '내 인생'이 보인다는 것이다. 그러면 진짜 지옥은 어떤 모습일까. 단테의 신곡 '지옥의 문'에는 이렇게 쓰여 있다. "여기 들어오는 너희는 모든 희망을 버려라!" 희망을 일절 꿈꿀 수 없는 곳, 그곳이 지옥이다.

소설가답게 넷플릭스에 등장한 지옥을 가지고 우리에게 질문을 던지고 있다. 청년들은 '헬조선'이라는 말을 사용하는데, 대한민국은 지옥일까 천당일까? 다른 나라와 비교할 때 천국일 수도 지옥일 수도 있다. 지금 대한민국의 어려운 상황도 인정하지만 진짜 지옥은 희망을 볼 수 없는 곳이라고 하는데 우리나라는 불행도 볼 수 있고 희망도 볼 수 있는 나라이기 때문에 지옥은 아니라고 이야기할지도 모르겠다.

하지만 단언컨대 20대 대선의 결과에 따라 우리나라가 지옥이 될 수도 있다. 어쩌면 '왜 나에게 이런 일이 생겼을까.'라는 질문이 생길지도 모른다. 잘못 되면 '왜 이런 나라가 됐을까? 왜 이 많은 사람들이 그런 사람을 대통령으로 찍었지? 한두 사람도 아니고 어떻게 몇 천만 명이 이런 지도자를 찍었지?'라는 질문이 나올 지도 모른다.

그렇게 되면 희망을 꿈꾸는 사람들도 있겠지만, 역사나 국제정세를 아는 사람들은 희망을 버리고 지옥으로 빠지는 것이 두려워 이민을 선택할지도 모른다. 백영옥 소설가의 칼럼을 내가 억지로 정치적으로 해석하는지는 모르겠지만, 나는 정치전문가니까 내 전공에 비유하고 싶다. 대한민국에 설마 그런 일이 벌어질까 싶겠지만, 어떻게 될지는 아무도 모른다. 누가 통계를 조작하거나 선거부정이 일어난다면 선거 결과와 상황은 얼마든지 달라진다.

벌써 여론조사가 파행으로 되고 있다. 이재명 후보가 앞섰다가 윤석열 후보가 앞섰다가 하는 여론조사 결과를 100% 신뢰할 수가 없다. 여론조사 기관이 우후죽순으로 쏟아지고 있고, 심지어 여론조사 기관의 대표가 여당 측인 경우도 있다. 중앙선관위에서 직원 세 명과 사무실만 있으면 여론조사 기관 허가를 내주기 때문이다. 여론조사 기관 대표는 양심이 있으면 어떤 캠프에도 들어가면 안 된다.

나는 2001년도 겨울에 처음 한국에 왔는데, 오자마자 증권방송 한경 와우 TV에서 앵커를 했다. 그때 높은 분들이 주식투자를 하지 않는 것이 좋겠다고 했다. 증권방송을 하면서 주식을 가지고 있으면 사람인 이상 자신에게 유리하게 방송을 할 수도 있으니까, 주식투자를 아예 안하는 게 좋겠다는 것이었다. 그래서 단 한 장의 주식도 사지 않았고, 증권방송을 그만 둔 지금도 주식투자를 하지 않고 있다. 증권방송 하는 나도 그렇게 했는데, 여론조사 대표가 특정 캠프에 들어갔다면 그 캠프에 속한 사람을 대통령 만들려고 무슨 일을 하겠는가? 여론조사로 대통령 만드는 일을 할 것이다.

안타까운 것은 국민의 힘 이준석 대표마저 4.15 부정선거를 부정하는 것이다. 이런 현실을 생각하면 희망이 점점 없어지는 것 같아서 두렵다. 이재명 후보가 대통령이 되면 분명 문재인 대통령보다 엄청난 사회주의 포퓰리즘으로 통치를 할 것이다. 안 봐도 뻔하다. 이재명 후보가 살아온 길이 그렇고 성남시장, 경기지사로 일하면서 한 일이 그러한데, 국가 재정이 어떻게 될지는 너무 뻔하다. 더구나 우리 같은 사람들 그냥 둘까? 자유가 없는 나라, 언론이 통제되는 나라가 될 것이다. 종교도 탄압받고 중국이나 북한과 완전히 밀착되는 나라가 될까 봐 두렵다. 그 다음에는 회복이 안 된다.

부자가 되려면 오랜 기간에 걸쳐 부를 쌓아올려야 하지만 아들이 그 부를 털어먹는 것은 순식간이다. 나라도 마찬가지다. 여태까지 쌓아온 것을 털어먹는 것은 금방이다. 문재인 정부 들어와서 빚이 1000조가 되었다. 이런 상황이 5년 연장되면서 포퓰리즘과 엉망인 국가 재정, 안보까지 위험해지면 코리아 리스크가 된다. 돈 있는 사람들은 해외로 가고, 외국에서 투자가 안 들어오면 나라는 점점 가난해진다. 그것이 베네수엘라고 필리핀이고 아르헨티나다.

어느 정도 희망을 가지고 있었는데, 최근 윤석열 후보가 부정선거 없다는 이준석 대표를 예우하는 것을 보면 절망스럽다. 수많은 범죄혐의를 받고 있는 이재명은 선거에서 지지 않으려고 할 것이고, 가장 좋은 것이 부정선거다. 희망이 조금씩 지옥문으로 사라지는 것 같아서 두렵다. 하지만 희망을 포기할 수는 없다. 계속 부정선거를 주장하고, 한 명의 재판관을 기대해보자. 한 명만 부정선거가 있다고 인정해주면 된다. 희망을 가지고 기다려보자.

타산지석, 이회창의 2% 패배를 되풀이해서는 안 된다

다음은 문화일보 이용식 주필이 2021년 12월 2일에 쓴 칼럼을 발췌한 것으로, 제목은 '윤석열 '2%P 패배' 길 가고 있다'이다.

이번 대선의 가장 큰 특징은 '누가 대통령이 될 것인가'보다 '어떤 나라가 될 것인가'에 대한 관심이 더 크다는 점이다. 이재명의 정치철학과 리더십이 자유민주주의와 의회민주주의 자체를 시험대에 올릴 정도로 기존의 여야 경쟁 틀을 뛰어넘기 때문이다.

이번 대선은 노무현·이회창의 2002년 대선과 닮은 측면이 너무 많다. 두 후보 모두 사법시험 출신이었지만, 노무현은 빈한한 집안에서 태어난 상고 학력 변호사였고, 이회창은 유복한 집안에서 태어나 서울대 법대 졸업 뒤 엘리트 코스를 거쳤다. 여당 선거 전략도 데자뷔 수준이다. 무차별 의혹을 주장하면 관변 매체들이 증폭시키고, 공권력은 거들거나 방임했다. 20만 달러 수수, 가회동 빌라와 기양건설 비자금, 김대업의 병역비리 폭로 등 이른바 '3대 의혹'을 통해 이회창의 '대쪽 판사' 이미지를 무너뜨리고, '후보 부인'을 집중 겨냥했다. 재판에서 모두 허위·날조로 결론 났지만, 대선이 끝난 뒤였다. 이회창은 57만 표(2.3%포인트) 차이로 졌다.

지금 야당은 이를 반면교사로 삼기는커녕 같은 잘못을 답습하려 한다. 세계의 성공한 보수 정당들은 변화에 선제 대응함으로써 파괴적 혁명을 막았다. 사즉생 각오로 상대보다 몇 배 더 노력해야 가능하다. 계속 앞서다가 대선 한 달 전에 뒤집힌 2002년 경우처럼 득표율 차 2%P 전후의 안타까운 패배를 당한다.

윤석열 후보가 꼭 읽었으면 싶은, 일리 있는 칼럼이다. 노무현과 이회창의 선거 당시와 같은 상황이 벌어지고 있고, 거기에 부정선거까지 더해지면 질 수밖에 없다. 윤석열 캠프 쪽에서 흘러나오는 이야기가 인의 장벽에 막혀서 측근 몇 명이 벌써 권력을 독점하고 있다고 한다. 평소에 친하던 친구들조차 윤석열을 만나기 어렵고 조언을 하기 어렵다는 말이 나오고 있다고 한다.

2002년 워싱턴에서 기자 생활을 하고 있을 때 방송 프로그램을 하기 위해서 이회창 후보를 인터뷰 했는데, 거의 대통령이 된 것처럼 거들먹거리고 인의 장막이 쳐져 있었던 기억이 있다. 그런데 지금 윤석열 캠프에서 인의 장막이 있다는 이야기가 나오는 것은 절망적이다. 당시 이회창 후보는 정치권에 어느 정도 있었고 총리도 했고 판사 출신에 감사원장도 했는데 막판에 졌다.

이재명 후보는 무슨 짓이든 할 수 있는 사람이다. 그래서 부정 선거 이야기로 급소를 질러야 한다고 수백 번 말하고 있는데 아직도 급소를 안 찌르고 있다. 지지율에 취해 있는 것 같은데, 이회창 때의 패배를 분석하기 바란다. 다행히 오만하지는 않고 융통성도 있어 보이지만, 인의 장막과 다 된 것처럼 착각하는 것이 문제다

이번 선거에 지면 나라 망하는데 윤석열 후보가 주역을 할 수도 있다. 다른 사람이 나갈 수도 있는데 윤석열 후보가 나가서 진 것 아닌가. 무서운 책임감을 느끼고 목숨을 걸고 임해야 한다. 그러면 부정선거에 관해 따져 물어야 하고, 박근혜 대통령을 수사했던 것에 관한 사과도 더 진정성 있게 해야 한다. 그런데 본인도 주변 사람들도 너무 편안해 보인다. 선거에 지면 인의 장막을 쳤던 사람들이 책임질 것 같은가? 아니다. 그 사람들은 정치꾼이어서 다른 사람에게 가버린다. 주변 정치꾼들은 왔다 갔다 하지 절대 책임지지 않는다. 목숨 걸고 임하고, 절박한 마음으로 잘 해야 한다.

윤석열 후보는 내공이 있지만 독하지 않다. 그런데 이재명 후보는 다르다. '옥탑방의 문제아들'이라는 TV프로그램에서 말하기를 '김해경 낙상 루머'에 대해 어떻게 되치기 할까 구상 중이라고 했다. 방송에서도 이렇게 말하는데 실제로는 어떻겠는가? 자신은

다정다감하고 다른 사람들과 교감이 잘 되는 편인데 일방적으로 보인다는 말도 했다. 그런 사람이 형수에게 그토록 험한 욕을 하고 형을 정신병원에 넣을까? 윤석열 후보가 배도 나오고 덩치가 커서 소위 말하는 깡이 있어 보이지만 이재명 후보에게는 당하지 못한다. 그래서 내가 자꾸 목숨을 걸라고 한다.

선거는 다음이 없다. 지금 죽기 아니면 살기로 해야 한다. 내공도 좋지만 내공에 독기가 없으면, 내공 없이 독기 있는 사람에게 당해볼 수 없다. 공중파 방송에서 '어떻게 되치기 할까 궁리 중이라고 말하는 사람의 독기를 어떻게 당하나? 목숨 걸어야 한다. 목숨 걸고 당도 측근도 목숨 거는 사람으로 바꿔야 한다. 여론조사 믿고 있다가 이회창 후보처럼 지고 싶은가? 목숨 걸지 않은 장군이 어떻게 나라를 구하겠는가?

각종 비리와 법조 카르텔,
윤석열이 깨야 한다

다음은 2021년 10월 24일 워싱턴 DC 박재형 박사와의 대담을 정리한 것이다.

대통령 경선에 교포들도 관심이 많고, 누가 후보가 되느냐에 주목하고 있다. 특히 이재명 후보 사건으로 아주 시끄럽다. 이재명 후보가 선거법 위반으로 재판받을 때 엄청난 변호사비 문제로 논란이 된 적이 있다. 친한 사람이 무료로 변호해주는 것은 김영란법 위반이 아닐 수 있다고 하는데, 수십억 원에 달하는 변호사비를 주지 않은 것을 그런 식으로 문제없다고 감싸주는 것은 어이없는 일이다.

권력과 돈에 눈이 먼 정치 판사, 정치 검사, 정치 변호사로 이루어진 법조 카르텔이 한국 정치를 후진적으로 만들고 법치주의 민주주의를 무너뜨렸다. 정치 경제 사회적으로 대형 비리 사건이 터질 때마다 핵심 역할을 하는 판사 검사출신 변호사 출신 사람들이 있다. 이재명 대장동 사건으로 드러난 법조카르텔의 심각한 실태를 어떻게 극복할 것인가. 이것은 좌우 한쪽만의 문제가 아니라 좌파는 좌파대로 우파는 우파대로 법조 카르텔을 형성해서 자기들만의 세상을 굳건히 하고, 필요할 때는 협조까지 하면서 특권층으로 군림하고 있다. 법이라는 도구를 무기처럼 휘두르면서 자기들에게 대적하지 못하게 하고 있는 것이다. 대한민국을 지배하는 법조 카르텔을 뿌리 뽑지 못한다면 한국 민주주의의 미래가 없다.

누가 어떻게 법조 카르텔에 의한 정치적 경제적 권력독점을 깨트릴 것인가? 불과 몇 달 남지 않은 대통령 선거를 앞두고 현재의 후보들 중에 그럴 만한 인물이 있는지 생각해보게 된다. 과연 누가 이것을 할 수 있을까?

재미있는 것은 문재인 대통령부터 이재명 후보와 국민의 힘 후보들 가운데 한 명 빼고 모두 법조인 출신이다. 결국 이 문제는 법조인 출신이 해결할 수밖에 없는 상황인데, 지금 후보들 중에서 법조 카르텔을 종식할 수 있는 가장 유력한 후보가 윤석열이라고 생각한다. 얼마 전에 윤석열 후보가 대장동 사건 특검을 도입해야 한다고 기자회견을 했다. 내용이나 단호한 어조를 봤을 때 이 사람은 적어도 기존 법조 카르텔에 빚이 없고, 그들이 잘못하면 대응을 하겠다는 기대를 하게 되었다.

사실 윤석열 후보는 어떻게 보면 양쪽 법조 카르텔에서 모두 당했던 사람이다. 본의 아니게 법조 카르텔 이쪽저쪽에 찍혀서 온갖 꼴을 다 본 사람 아닌가? 그러니까 법조 카르텔에 대한 분명한 폐해 의식만 분명히 있다면 그것을 부서버릴 수도 있지 않을까 하는 기대를 해본다. 전제조건이라면 현재의 법조 카르텔이 문제라는 인식, 법조 카르텔이 한국 민주주의를 뿌리부터 썩게 만들었다는 문제의식을 가져야 한다.

나는 대한민국의 법조 카르텔을 뿌리부터 제거할 사람이 대통령이 되기를 바라고, 그 사람을 전적으로 지지할 생각이다. 어떻게 보면 그것만 해결해도 대한민국의 고질적인 병폐가 상당부분 없어지지 않을까 생각하기 때문이다. 또 다시 이것을 깨지 못하고 오히려 이용할 자가 대통령이 된다면 더 막강한 법조카르텔이 될 것이다. 법조 카르텔은 동창들 연수원 선배 후배로 구성되어 있어서 깨부수기가 어렵다. 그나마 깰 수 있는 적임자가 윤석열 후보다. 여러 가지로 윤석열 후보의 어깨가 무거워졌다. 이것이 시대적 사명이고, 그래서 대통령은 하늘이 내린다고 하지 않는가.

저지(低地)에서 싸우지 말고 고지(高地)에서 싸워라

20대 대통령 선거가 90일 남은 시점에서, 선거 전략의 대가인 이영작 박사의 글을 간략하여 소개한다. 제목은 '윤석열은 "나는 안보 절세 법치 대통령이 되겠습니다."라고 외치세요.'이다.

||||||||||||||||||||||||||||||||||||||||||||||||||||||||||||||||||||||||||||||||||||||||||||||||||||||||

이재명 후보는 발 빠르게 움직이지만 윤석열 후보 캠프는 무거워 보인다. 부인의 경력 위조 의혹이 발목을 붙잡는다. 이재명 후보가 각종 범죄의혹을 받고 있음에도 불구하고 부인의 경력 위조 의혹이 선거를 덮고 있다. 윤석열 캠프의 실패다. 아마추어들과 선거꾼들이 윤 캠프를 석권하고 있고, 이에 대해 보수 우파 유권자들이 모두 안타까워하고 있다. 유권자들이 정권 교체를 원하는 기울어진 운동장 같은 선거판임에도, 어찌된 영문인지 이재명 후보가 고지에서 총을 쏘고 윤석열 후보는 저지에서 고전하고 있다.

윤석열 후보는 이번 대선이 무엇에 관한 것인가를 유권자들에게 설명해야 한다. 공정과 상식의 세상은 어떤 세상인지 보여주고, 이재명과 윤석열의 세상이 다르다는 것을 보여주어야 한다. 이재명은 반미주의자 종북 대통령이 될 것이고 윤석열은 한미 동맹 위에 서는 안보 대통령이 될 것이다. 이재명은 무법 대통령이고 윤석열은 법치주의를 존중하는 법치 대통령이 될 것이다. 이재명은 세금을 마구 걷어서 낭비하는 세금 대통령이 될 것이고 윤석열은 작은 정부를 추구하는 절세 대통령이 될 것이다. 이렇게 윤석열은 자신을 구체적으로 정의 내려야 한다.

선거전문가답게 구체적으로 쓴 글에 동의한다. 공정과 상식 같은 추상적인 단어가 아니라 '절세 대통령 되겠다, 안보 대통령이 되겠다, 법치 대통령 되겠다'고 하면서, 이재명은 무법대통령이고 윤석열은 법치대통령, 이재명은 세금 마구 걷는 대통령이고 윤석열은 절세 대통령, 이렇게 대비법을 써가면서 현실감 있게 해야 한다. 선거 캠프는 테마가 귀에 딱딱 들어와야 한다. 각인이 되어야 한다.

또한 이영작 박사는 의미 있는 지적을 하고 있다. 지금은 정권교체 열망이 높기 때문에 윤석열 후보가 유리한 싸움을 해야 하는데, 이재명 후보가 유리한 지점에서 싸우고 윤석열 후보가 불리한 저지에서 힘든 싸움을 하고 있다. 고지를 점령하는 것이 유리하다. 이재명 후보가 고지를 차지할 이유가 하나도 없다. 너무나 많은 비리를 저질렀기 때문에 윤석열 후보가 유리한 싸움을 해야 하는데, 이영작 박사가 지적한 대로 저지에서 싸우고 있는 것은 윤석열 선거 캠프가 아마추어이기 때문이다. 윤석열 캠프에 선거를 잘하는 프로페셔널이 있어서 큰 그림을 그려야 하는데 정치꾼들만 많다.

상대가 반칙으로 이기려고 몰래 무기를 숨기고 있으면, 무기가 있다는 것을 사람들에게 알려야 한다. 상대가 비장의 무기로 부정선거를 준비하면, '너 부정선거 하지 마. 부정선거 하면 당한다. 증거도 있어!'라고 큰소리를 내야 상대를 이길 수 있다. 이영작 박사가 코치하는 대로 캠페인 테마를 잡고, 상대방의 급소를 잡아서 '반칙하지 마!'라고 일갈해야 한다.

황교안 대표가 부정선거 했다고 들고 나온 것은 그나마 다행스런 일이다. 조금 일찍 공론화되었으면 얼마나 좋을까 싶지만, 이제라도 잘하면 된다. 윤석열 후보가 직접 부정선거 이야기를 하기 힘들면 황교안 대표를 영입하면 된다. 이영작 박사의 캠페인과 황교안의 부정선거 공격을 사용하면 선거에서 이길 수 있다.

부정선거로 이재명 후보를 공략할 경우, 윤석열 후보가 대통령이 된 후에도 좋은 여건을 만들 수 있다. 현재 여당 의석이 압도적으로 많으니 윤석열이 대권을 잡더라도 식물 대통령으로 만들 수 있다. 오세훈 서울시장이 서울시 의회에 여당이 많아서 힘의 논리에 밀리는 것과 마찬가지다. 여당이 과반을 넘어야 법안을 제대로 통과시키고 일을 제대로 할 수 있다.

그러니 급소는 부정선거다. 재검토에서 증거들 나왔으니 빨리 판결하라고 해서 부정선거를 밝히면, 재선거를 해야 한다. 6월에 새로운 지방선거를 하면서 국회의원 선거까지 하는 것이다. 2022년 3월 9일에 대통령 선거를 하고 5월에 취임인데, 6월에 바로 지방선거와 국회의원 선거를 하면 분위기에 편승해서 과반수를 넘길 수 있다. 그러면 윤석열 후보가 하고 싶은 일들을 제대로 할 수 있을 것이다. 불가능한 일이 아니다.

초판 1쇄 인쇄 2022년 1월 20일
초판 1쇄 발행 2022년 1월 25일

지은이   이봉규
발행인   김정현
펴낸곳   도서출판 DK
전화번호   070. 4327. 8521
전자우편   bookdk@kakao.com
출판신고   제406-2017-000156호

ISBN   979-11-965979-5-5 (03300)